Não acredite em tudo o que você pensa

JOSEPH NGUYEN
AUTOR BEST-SELLER INTERNACIONAL

Não acredite em tudo o que você pensa

COMO USAR O PODER DA SUA MENTE
PARA COMBATER A ANSIEDADE, A AUTOSSABOTAGEM
E TOMAR MELHORES DECISÕES

São Paulo
2025

Grupo Editorial
UNIVERSO DOS LIVROS

Don't believe everything you think – Why your thinking is the beginning and end of suffering
Copyright © 2022 One Satori LLC

© 2023 by Universo dos Livros

Todos os direitos reservados e protegidos pela Lei 9.610 de 19/02/1998.
Nenhuma parte deste livro, sem autorização prévia por escrito da editora, poderá ser reproduzida ou transmitida sejam quais forem os meios empregados: eletrônicos, mecânicos, fotográficos, gravação ou quaisquer outros.

Diretor editorial
Luis Matos

Gerente editorial
Marcia Batista

Assistentes editoriais
Letícia Nakamura
Raquel F. Abranches

Tradução
Cynthia Costa

Preparação
Alessandra Miranda de Sá

Revisão
Nathalia Ferrarezi
Rafael Bisoffi

Arte e capa
Renato Klisman

Dados Internacionais de Catalogação na Publicação (CIP)
Angélica Ilacqua CRB-8/7057

N479n
  Nguyen, Joseph
  Não acredite em tudo o que você pensa : como usar o poder da sua mente para combater a ansiedade, a autossabotagem e tomar melhores decisões / Joseph Nguyen ; tradução de Cynthia Costa. -- São Paulo : Universo dos Livros, 2023.
  128 p.

  ISBN 978-65-5609-597-4

  Título original: *Don't believe everything you think: why your thinking is the beginning and end of suffering*

  1. Autoajuda 2. Saúde mental 3. Ansiedade 4. Autoconhecimento I. Título II. Costa, Cynthia

23-4716
CDD 158.1

Universo dos Livros Editora Ltda.
Avenida Ordem e Progresso, 157 — 8º andar — Conj. 803
CEP 01141-030 — Barra Funda — São Paulo/SP
Telefone: (11) 3392-3336
www.universodoslivros.com.br
e-mail: editor@universodoslivros.com.br

Para Kenna,
Um anjo na Terra que me ensinou o que é amor incondicional e como ele pode transformar o mundo.

SUMÁRIO

AGRADECIMENTOS..9

INTRODUÇÃO..11
O que você vai descobrir neste livro e como tirar o máximo proveito da leitura

CAPÍTULO 1..15
A jornada para encontrar a causa-raiz do sofrimento

CAPÍTULO 2..19
A causa-raiz de todo sofrimento

CAPÍTULO 3..29
Afinal, por que pensamos?

CAPÍTULO 4..31
Ideias versus pensamentos

CAPÍTULO 5..37
Se só podemos sentir o que pensamos, não precisamos pensar positivamente para ter sentimentos positivos?

CAPÍTULO 6..43
Como a experiência humana é criada — os Três Princípios

CAPÍTULO 7..47
Se pensar é a causa-raiz do sofrimento, como parar de pensar?

CAPÍTULO 8..**53**
Como podemos prosperar sem pensar?

CAPÍTULO 9..**57**
Se paramos de pensar, o que faremos com nossos objetivos, sonhos e ambições?

CAPÍTULO 10..**69**
Amor incondicional e criação

CAPÍTULO 11..**75**
O que fazer após vivenciar paz, alegria, amor e realização no presente?

CAPÍTULO 12..**79**
Nada é bom ou mau

CAPÍTULO 13..**83**
Como saber o que fazer sem interferência do pensamento?

CAPÍTULO 14..**87**
Como seguir sua intuição

CAPÍTULO 15..**97**
Criando espaço para milagres

CAPÍTULO 16...**101**
O que acontece quando começamos a viver em não pensamento (prováveis obstáculos)

CAPÍTULO 17...**105**
E agora?

RESUMO DO NÃO PENSAMENTO.........................**111**
   Guia para parar de pensar..115
   Como saber se você está em estado de não pensamento............119
   Guia para criar um ambiente de não pensamento....................120
   Passo a passo para remover os gatilhos de pensamento............121
   Passo a passo para criar um ambiente de não pensamento........123
   Passo a passo para implementar o não pensamento no trabalho...125
   Guia para superar hábitos/comportamentos destrutivos............126

AGRADECIMENTOS

Obrigado, Sydney Banks, por compartilhar com o mundo os princípios que descobriu. Foi por sua causa que consegui encontrar a verdade dentro de mim e agora desfruto do mesmo privilégio de compartilhá-la com o mundo.

Obrigado aos meus professores e mentores, Joe Bailey e Michael Neill, por compartilharem comigo os Três Princípios, que mudaram para sempre minha vida. Minha eterna gratidão por sua generosidade e seu altruísmo incessante. Agradeço a vocês por tudo o que fazem e continuarão a fazer por outras pessoas.

Obrigado a todos os meus queridos amigos e à minha família (mãe, pai, Anthony, James, Christian, Bryan e muitos outros), por me ajudarem a encontrar minha divindade e me encorajarem a escrever este livro. Sem vocês, ele não existiria. Saibam que o impacto que têm sobre mim e sobre todos os que tiverem este livro em mãos é infinito e continuará a mudar a vida das futuras gerações.

Obrigado, Kenna, por ser uma das almas mais amáveis e vivazes que já encontrei e por me mostrar o que é de fato o amor incondicional. Para sempre me sentirei honrado com sua bela presença e nunca conseguirei agradecer o suficiente pela dádiva de seu imensurável amor por mim e por todos os que você encontra.

INTRODUÇÃO

O QUE VOCÊ VAI DESCOBRIR NESTE LIVRO E COMO TIRAR O MÁXIMO PROVEITO DA LEITURA

Este livro foi escrito para ajudá-lo a encontrar tudo o que esteve procurando, bem como as respostas para todas as perguntas feitas ao longo de sua vida. Sei que essa é uma afirmação audaciosa, mas logo você verá por que faço essa afirmação com total segurança.

Do fundo de minha alma, tenho certeza de que você não será a mesma pessoa após ler este livro. A única constante é a mudança. O crescimento é um processo inevitável da vida e é impossível que você não mude após fazer esta leitura.

> "Não podemos mudar aquilo que não percebemos, mas, uma vez que tenhamos percebido, a mudança se torna inevitável."
> — Sheryl Sandberg

Não importa quem seja, de onde venha, quais histórias tenha vivido, o que fez ou deixou de fazer, qual status ou riqueza tenha ou não, se veio ou não de Marte; você pode encontrar paz plena, amor incondicional, realização absoluta e alegria em abundância em sua vida. Juro que você não é a exceção, embora possa parecer. O amor não tem limites. Uma mente aberta e um coração disposto são tudo de que precisa para obter todas as respostas que você tem procurado.

E, sim, há implicações bastante práticas e consequências do entendimento do que se encontra neste livro que já foram testadas por muitos dos meus clientes de coaching, como: aumento de duas a cinco vezes na renda, crescimento exponencial dos negócios, relacionamentos mais profundos e harmoniosos, superação de antigos vícios, desaparecimento espontâneo de hábitos destrutivos e melhora da saúde, da vitalidade e da energia em geral. Milagres como esses acontecem todos os dias para muitos que entendem os princípios apresentados neste livro. E o que citei são só alguns exemplos. Se eu fosse listar os aprimoramentos e os resultados obtidos por meio desse entendimento, relatos de milagres diários ocupariam mais da metade deste livro.

Sinto-me relutante em mencionar alguns desses resultados "externos", porque esse não é o objetivo. Manifestações físicas são a consequência de um entendimento de dentro para fora a respeito de como nossas experiências de vida funcionam. Na verdade, só queremos resultados externos, como dinheiro e status, porque estamos atrás de determinados sentimentos internos, como amor, alegria, paz e satisfação. São os sentimentos que queremos na vida, não as coisas físicas, mas caímos na armadilha de acreditar que as coisas físicas nos garantirão esses sentimentos. O segredo, porém, está no sentimento.

Este livro o ajudará a entender como desvendar a verdade que você já conhece dentro de si, acessando os sentimentos que você tem buscado por toda a sua vida.

Agora, vamos à orientação de como ler este livro.

Não leia esta obra para obter informações, e sim intuições. A intuição (ou sabedoria) só pode ser encontrada dentro de você. É por isso que se chama *in*(dentro)tuição (do latim *tuere*, ou ver), ou seja, "ver dentro". Para encontrar tudo o que tem procurado na vida, é preciso olhar para dentro de si e descobrir a sabedoria que já existe em você. Todas as respostas estão no fundo de sua alma. Este livro é apenas um guia para ajudá-lo a procurar no lugar certo. Admiro de verdade aqueles que ainda esperam encontrar o que procuram fora de si. Isso significa que têm esperança. Sem esperança, não temos nada, portanto, o fato de estar aqui, lendo este livro, é prova de sua fé, sua coragem e sua força. Estou cem por cento certo de que você encontrará aquilo que procura se continuar por esse caminho com a esperança que há em seu coração.

Quero deixar claro que este não é o único livro a conter a verdade. A verdade está dentro de tudo e todos. É preciso olhar além da forma (física) para ver e vivenciar a verdade (espiritual). As palavras deste livro não constituem a verdade; elas apontam PARA a verdade. Olhe para além das palavras a fim de enxergar a verdade propriamente dita. Não há como intelectualizar a verdade, apenas como vivenciá-la. Ela está no sentimento, por isso não pode ser formulada em uma palavra.

Se quiser encontrá-la, olhe para além das palavras e **procure um sentimento.**

Muitos dos que descobrem a verdade a descrevem como um sentimento de paz, amor incondicional e alegria imensurável. Também a descrevem como o mais conhecido dos sentimentos desconhecidos. É como se você tivesse enfim encontrado seu lar. Procure esse sentimento, e tudo o mais lhe será revelado. Neste livro, não direi nada que você já não saiba no fundo de sua alma. É por isso que vivenciar a verdade será como um familiar sentimento desconhecido.

Não tente usar o intelecto para entender esse sentimento, pois não vai conseguir. Ele se perderá assim que você tentar intelectualizá-lo. A verdade não vem da memorização de uma ou duas frases. Uma criança consegue fazer isso, mas não entenderá a verdade; ela vem na forma de sentimento. E de tal sentimento virão a sabedoria e a verdade que você procura e que o libertarão. No fim das contas, é atrás disso que estamos, não é?

O que lhe desvendarei neste livro vai parecer algo simples. Quase simples demais, e seu cérebro (ego) tentará lutar contra esse fato ou tornar tudo mais complexo. Pensará que não pode ser assim tão simples. Quando isso acontecer, quero que se lembre de que a verdade é sempre simples. O que é complexo pode ser repartido em pedacinhos menores. A verdade não pode ser repartida, e é isso o que a torna uma verdade. E é por isso também que ela é sempre simples. **Se quiser encontrar a verdade, busque a simplicidade.**

Leia este livro com a mente aberta e uma disposição pura no coração, para assim conhecer a verdade e receber tudo o que tem buscado.

Antes de continuarmos, quero expressar minha mais profunda gratidão por você estar aqui, compartilhando seu tempo e sua atenção comigo. Tempo e atenção estão entre as mais valiosas forças vitais que podemos dar a alguém, então obrigado por esse presente, com o qual você também está se presenteando. Nunca se esqueça da sua divindade, pois é apenas por meio dela que alcançaremos nossa humanidade.

Com amor e luz,
Joseph

CAPÍTULO 1

A JORNADA PARA ENCONTRAR A CAUSA-RAIZ DO SOFRIMENTO

> "As pessoas têm dificuldade de renunciar ao sofrimento. Por medo do desconhecido, preferem o sofrimento, pois já o conhecem."
> — Thich Nhat Hanh

Ao se falar em sofrimento, é preciso fazer uma distinção importante. Quando menciono sofrimento neste livro, refiro-me a um estado psicológico e emocional. Há uma maneira de, não importando o que estiver acontecendo em sua vida, não ser preciso sofrer emocional e psicologicamente.

Não estou dizendo que aquilo que sentimos está apenas na cabeça ou que é inventado. Fatos terríveis e tristes acometem pessoas todos os dias. O que estou dizendo é que, embora vivenciemos muita dor, o sofrimento é opcional. Em outras palavras, a dor é inevitável, mas como reagimos aos fatos e às circunstâncias que nos acometem depende só de nós, e é isso o que determinará se sofreremos ou não.

Os budistas afirmam que, quando passamos por algo negativo na vida, uma flecha é disparada em nossa direção. Ser atingido por uma flechada é doloroso. Ser atingido por uma segunda flechada emocional é ainda mais doloroso (o sofrimento).

Como explicou Buda: "Na vida, nem sempre podemos controlar a primeira flechada. Mas a segunda é nossa reação à primeira. A segunda é opcional."

Quando ouvi essa citação de Buda pela primeira vez há alguns anos, fiquei confuso, porque, apesar de ter entendido o que ele quis dizer, não sabia como poderia aplicar essa ideia à minha vida. Se fosse dada a qualquer pessoa a clara escolha entre sofrer ou não, não podia acreditar que alguém em perfeito juízo escolheria sofrer.

Como posso apenas escolher não sofrer? Se fosse tão fácil assim, não acho que haveria sofredores ainda. Foi só anos depois, quando entendi de onde vem o sofrimento, que me tornei capaz de arrancá-lo pela raiz.

Ao embarcar em uma jornada de autoaperfeiçoamento, encontrei uma miríade de ensinamentos, estudos e métodos que nos ajudam a superar nossos problemas. Li dezenas — se não centenas — de livros; estudei psicologia; fui a terapeutas; ouvi muitos gurus; tentei mudar meus hábitos, acordando às quatro horas da manhã, mudando minha dieta e tornando-a mais estruturada e disciplinada; observei outros trabalhando, estudando seus vários tipos de personalidade; meditei diariamente; fui a retiros espirituais; segui mestres espirituais; e pesquisei diversas religiões antigas.

Pense em algo, e é provável que eu tenha tentado. Estava muito desesperado para encontrar uma resposta, porque queria saber como dar um fim ao sofrimento em minha vida, mas também ajudar outros a fazerem o mesmo. Embora algumas dessas coisas tenham de fato me ajudado a me aprimorar, nenhuma delas acabou com o meu sofrimento. Eu continuava me sentindo extremamente ansioso, medroso, insatisfeito, irritado, zangado, frustrado e pesado todos os dias. Mesmo depois de fazer tudo isso, ainda não tinha uma resposta e, para ser honesto, sentia-me mais perdido do que antes de embarcar nessa jornada.

Sentia-me desesperançoso, sem propósito nem direção. Não sabia mais o que fazer, para onde olhar ou com quem conversar. Foi somente quando cheguei ao fundo do poço que uma faísca de esperança começou a me conduzir à luz.

De repente, após anos e anos de busca, cruzei com um dos meus primeiros mentores, que me tornou um coach e revelou-me a resposta de como aliviar o sofrimento.

A resposta que descobri estava no entendimento de como nossa mente funciona e de como a experiência humana é criada.

CAPÍTULO 2

A CAUSA-RAIZ DE TODO SOFRIMENTO

"O que olha ao redor de si é inteligente;
o que olha para dentro de si é sábio."
— Matshona Dhliwayo

Vivemos em um mundo de pensamento, não de realidade. Como disse Sydney Banks: "Pensamento não é realidade; mas é por meio dele que nossa realidade é criada." Cada um de nós vive por meio de uma percepção de mundo individual, que varia muito de pessoa para pessoa. Um exemplo disso é que você poderia estar em um café passando por uma crise existencial na juventude, no profundo estresse de não ter ideia do que está fazendo da própria vida, enquanto os outros ao redor parecem todos centrados, e a pessoa ao seu lado, inclusive, está desfrutando alegremente de sua bebida quentinha e observando o movimento com tranquilidade. Vocês dois estão no mesmo café, sentindo o mesmo aroma, cercados pelos mesmos estranhos, mas estão vendo o mundo de maneira totalmente diferente. Muitos passam pelas mesmas coisas, estão nos mesmos lugares ao mesmo tempo, mas, ainda assim, têm experiências de mundo muito distintas.

Eis aqui um exemplo de como vivemos em um mundo de pensamento, e não de realidade. Se perguntar a cem pessoas diferentes o que o dinheiro significa para elas, quantas respostas acha que vai obter? Perto de cem respostas diferentes!

O dinheiro é tecnicamente a mesma coisa, mas significa algo diferente para cada pessoa. Dinheiro pode significar tempo, liberdade, oportunidade, segurança, tranquilidade ou pode significar maldade, ganância e a razão pela qual as pessoas cometem crimes. Por ora, não entrarei no mérito de qual significado é correto ou incorreto (dica: não há resposta correta ou incorreta, mas isso é para outro capítulo).

Outra forma de exemplificar esse conceito é a seguinte: se você fizer uma enquete com cem pessoas sobre o que pensam do atual presidente, quantas respostas diferentes acha que vai obter?

Ainda que estejam se referindo à mesma pessoa, teremos cem respostas diferentes, porque a maioria vive conforme os próprios pensamentos e percepções de mundo. O significado (ou pensamento) que atribuímos a um acontecimento é o que determina como nos sentimos em relação a ele. Esse significado ou pensamento é o filtro por meio do qual veremos a vida daquele momento em diante — é por isso que vivemos por meio da percepção da realidade, e não na realidade em si. **A realidade é o acontecimento em si, sem significado, pensamento ou interpretação.**

Qualquer significado ou pensamento que atribuamos a um acontecimento depende de nós, e é assim que a percepção da realidade é criada. É assim que nossa experiência de vida é criada de dentro para fora.

Ela não é definida pelo que acontece conosco, mas pela nossa interpretação do que acontece, que nos faz sentir bem ou mal com relação a algo. Isso explica por que pessoas em países de terceiro mundo podem ser mais felizes do que as que vivem em países de primeiro mundo.

Nossos sentimentos não são resultado de acontecimentos externos, mas dos pensamentos sobre esses acontecimentos. Portanto, sentimos o que pensamos.

Digamos, hipoteticamente, que você odeie seu emprego, o que causa uma enorme quantidade de estresse, ansiedade e frustração. Colocar um pé no edifício onde você trabalha já lhe causa dor, e o simples fato de pensar no emprego já o deixa furioso. Quando pensa em seu emprego, pode até estar no sofá de casa assistindo a uma série na TV com a família, mas, por dentro, fica borbulhando de raiva. Todos estão se divertindo, menos você.

Naquele momento, todos da sua família estão desfrutando de uma experiência de vida diferente da sua, embora a circunstância seja a mesma. O simples fato de pensar no emprego cria uma percepção bem diferente da realidade, embora você não esteja fisicamente onde trabalha.

Se fosse verdade que acontecimentos externos nos fazem sentir como nos sentimos por dentro, nada explicaria você não se divertir ali na sala, assistindo a uma divertida série de TV com sua família — mas não é isso que ocorre.

Você pode estar dizendo que só se sente assim por causa de um acontecimento externo, o emprego, pois é ele que causa estresse e ansiedade. Quanto a isso, levanto uma questão: é uma verdade absoluta que todas as pessoas sentem a mesma coisa com relação ao emprego delas?

Duas pessoas diferentes podem ter o mesmo emprego e este lhes despertar experiências bastante diferentes. Pode ser uma experiência fantástica e um emprego dos sonhos para uma pessoa, e um inferno e o pior dos pesadelos para outra. A única diferença entre as duas é como pensam a respeito do emprego, o que determina como se sentem sobre ele.

Retornemos agora ao cenário original de você hipoteticamente odiar seu emprego. Lembra-se de como pensar sobre ele lhe causa estresse, ansiedade e frustração?

Façamos então um rápido experimento mental respondendo à seguinte questão:

Quem você seria sem o pensamento de que odeia o seu emprego?

Reserve um minuto para essa resposta e não continue até surgir uma.

Se não pensar demais e de fato permitir que as respostas emerjam de dentro de você, perceberá que, sem aquele pensamento, é bem provável que se sentisse *feliz, livre, leve* e *em paz*.

Sem o pensamento habitual sobre determinado acontecimento ou coisa, nossa experiência com relação àquilo se altera por completo. É assim que vivemos em um mundo de pensamento, não de realidade, e é assim também que nossa percepção da realidade é criada de dentro para fora, por meio do próprio pensamento. Com esse novo entendimento, você acaba de descobrir a causa de todo o sofrimento psicológico humano...

A causa-raiz de nosso sofrimento é nosso pensamento.

Agora, antes que você atire este livro contra a parede ou bote fogo nele, não estou dizendo que tudo não passa de fantasia da sua cabeça. Nossa *percepção da realidade* é bem real. Sentimos o que pensamos, e os sentimentos são reais. Isso é inegável. Nosso pensamento, porém, parece-nos uma realidade inevitável e imutável até que tomemos consciência de como nossa realidade é criada. Se só podemos sentir o que pensamos, daí decorre que podemos mudar o que sentimos mudando o que pensamos. Assim, podemos mudar nossa experiência de vida se soubermos o que vem do próprio pensamento. E, se isso for verdade, estamos a apenas uma ideia de distância de vivenciar algo diferente e transformar nossa vida a qualquer momento — por meio de um estado de não pensamento.

Em suma, quando paramos de pensar, começa a nossa felicidade.

UM JOVEM MONGE E O BARCO VAZIO
(UMA HISTÓRIA ZEN SOBRE COMO PENSAR
É A CAUSA DO SOFRIMENTO)

Muito tempo atrás, um jovem monge zen vivia em um pequeno mosteiro localizado em uma floresta próximo a um pequeno lago. O mosteiro era habitado por alguns monges mais velhos e vários recém-chegados, que ainda tinham muito a aprender. Os monges tinham diversas obrigações, mas uma das mais importantes era a rotina diária de se sentar, fechar os olhos e meditar em silêncio por horas a fio.

Após cada meditação, precisavam relatar seu progresso a um mentor. O jovem monge tinha dificuldade em manter o foco durante sua prática de meditação por várias razões, o que o deixava muito bravo. Depois que esse jovem monge relatou seu progresso, ou melhor, a falta dele, a seu mentor, o monge mais velho lhe fez uma pergunta simples, na qual se ocultava uma lição:

— Você sabe o que realmente o está deixando com raiva?

O jovem monge respondeu:

— Bem, em geral, assim que fecho os olhos e começo a meditar, percebo alguém se mexendo e não consigo me concentrar. Fico agitado porque alguém está me perturbando mesmo sabendo que estou meditando. Por que as pessoas não são mais respeitosas? Depois, quando fecho os olhos mais uma vez e tento me concentrar, um gato ou outro animalzinho passa por mim e me perturba mais uma vez. A essa altura, fico com raiva até quando o vento sopra e os galhos das árvores fazem barulho. Se isso não bastasse, os pássaros começam a piar, e não consigo encontrar nenhuma paz neste lugar.

O monge mais velho limitou-se a apontar para o pupilo.

— Percebo que você vai ficando mais irritado a cada interrupção que encontra. Isso é exatamente o oposto do que se quer com a tarefa de meditar. Você deve encontrar uma maneira de não ficar com raiva de pessoas, animais ou qualquer outra coisa ao redor que o perturbe durante sua tarefa.

Depois dessa consulta, o jovem monge saiu do mosteiro e olhou ao redor em busca de um lugar que fosse mais silencioso, para que pudesse meditar com tranquilidade. Ele encontrou um lugar assim à margem do lago mais próximo. Levou a esteira, sentou-se sobre ela e pôs-se a meditar. Mas logo um bando de pássaros mergulhou no lago.

Ao ouvir o barulho, o jovem monge abriu os olhos para ver o que estava acontecendo. Embora a margem do lago estivesse mais silenciosa do que a do mosteiro, ainda havia coisas que perturbariam sua paz, e ele se zangou mais uma vez. Mas, mesmo que não tivesse encontrado a paz que procurava, voltava sempre ao lago. Então, um dia, o monge viu um barco amarrado a um pequeno cais, e uma ideia lhe ocorreu:

— Por que não pego o barco, remo até o meio do lago e medito lá? No meio do lago, não haverá nada para me perturbar!

Então, ele remou até o meio do lago e começou a meditar.

Como já esperava, não havia nada no meio do lago para perturbá-lo, e ele foi capaz de meditar o dia inteiro. No fim do dia, voltou ao mosteiro. Aquilo continuou por alguns dias, e o monge animou-se por ter enfim encontrado um lugar para meditar em paz. Não ficava mais com raiva e pôde continuar a prática da meditação com tranquilidade.

No terceiro dia, o monge se sentou no barco, remou até o meio do lago e começou a meditar de novo. Poucos minutos depois, ouviu alguns respingos d'água e sentiu que o barco balançava. Foi ficando aborrecido, porque, mesmo no meio do lago, havia alguém ou algo perturbando-o.

Quando abriu os olhos, viu um barco indo diretamente até ele. Gritou:

— Desvie seu barco ou vai acabar batendo no meu.

Mas o outro barco continuou se aproximando do dele e agora estava a apenas alguns metros de distância. Ele gritou de novo, mas nada mudou, e assim o outro barco colidiu com o dele. Desta vez, ele ficou furioso. Gritou mais uma vez:

— Quem é você, e por que bateu no meu barco no meio deste vasto lago?

Não houve resposta. Isso fez o jovem monge ficar ainda mais enfurecido.

Ele se levantou para ver quem estava no outro barco e, para sua surpresa, *descobriu que não havia ninguém*.

O barco provavelmente fora empurrado pela brisa e acabara esbarrando no dele. O monge sentiu a raiva se dissipar. Era apenas um barco vazio! Não havia ninguém em quem despejar sua ira!

Naquele momento, lembrou-se da pergunta de seu mentor:

"Você sabe o que realmente o está deixando com raiva?"

Ele então refletiu: "Não são outras pessoas, situações ou circunstâncias. Não é o barco vazio, mas minha reação a tudo isso que me causa raiva. Todas as pessoas ou situações que me chateiam e me enfurecem são como o barco vazio. Elas não têm o poder de me deixar com raiva sem minha própria reação."

O monge remou em direção à margem. Voltou ao mosteiro e começou a meditar com os outros monges. Ainda havia ruídos e perturbações ao redor, mas ele os tratava como o "barco vazio" e continuava a meditar com tranquilidade. Quando o monge mais velho viu a diferença, apenas observou:

— Vejo que descobriu o que realmente o deixava com raiva e superou isso.

CAPÍTULO 3

AFINAL, POR QUE PENSAMOS?

"Penso, penso e penso; pensar já me arrancou da felicidade muitas vezes, mas nunca me colocou nela." — Jonathan Safran Foer

Como humanos, evoluímos e desenvolvemos uma habilidade sofisticada de racionalizar, analisar e pensar tão somente porque isso nos ajudou a sobreviver. Nossa mente faz o máximo que pode para nos manter vivos, mas não nos ajuda a prosperar. Preocupa-se apenas com nossa segurança e nossa sobrevivência, mas não com nossa satisfação e nossa alegria.

A função da mente é nos alertar para possíveis perigos no ambiente, os quais possam ameaçar nossa vida. E ela desempenha essa função tão bem que não só faz uma varredura ao redor, em busca de ameaças, como se volta ao acúmulo de experiências passadas para criar cenários hipotéticos e prever o que imagina poder se tornar um perigo futuro, baseando-se em nossas lembranças.

Nada disso é errado sob nenhum aspecto. A mente está apenas fazendo o que foi programada para fazer. Quando não entendemos que sua função é apenas nos fazer sobreviver, podemos nos irritar e nos frustrar com ela. Todo conflito provém de um mal-entendido inocente. A função da mente é nos manter vivos. A função da consciência é nos ajudar a nos sentirmos realizados. Nossa alma, por sua vez, é a razão pela qual estamos nesta jornada — para encontrar paz, amor e alegria.

Sua mente se sai muito bem na função que foi feita para desempenhar, mas agora você pode aliviá-la de parte desse fardo, porque não vivemos mais em um ambiente selvagem, no qual a morte pode estar à espreita logo ali no próximo arbusto. Se continuarmos usando a mente, ficaremos perpetuamente em um estado de luta ou fuga, ansiedade, medo, frustração, depressão, raiva, ressentimento e todo tipo de emoções negativas, porque a mente pensa que tudo é uma ameaça à nossa existência. Se quiser se sentir livre, feliz, em paz e repleto de amor, você vai precisar parar de ouvir a sua mente e ir além dela, voltando-se para algo muito maior, que o ajudará não apenas a sobreviver, mas também a prosperar.

CAPÍTULO 4

IDEIAS VERSUS PENSAMENTOS

"Pare de pensar e acabe com seus problemas."
— Lao Tzu

Ideias são a matéria-prima energética e mental que usamos para criar tudo no mundo. Não podemos vivenciar nada sem ideias. É importante saber que elas são um substantivo e, portanto, não são algo que *façamos*, mas algo que temos. Uma ideia não requer nenhum esforço ou força bruta de nossa parte; é algo que simplesmente acontece. Também não podemos controlar quais ideias surgem em nossa mente. A fonte de ideias vem de algo que está além delas — do Universo, se preferir chamar assim.

Os pensamentos, por sua vez, são fruto do ato de pensar sobre essas ideias. E requerem uma quantidade significativa de energia, esforço e força de vontade (que é um recurso finito). Pensar é engajar-se ativamente com as ideias presentes em sua mente. Você não precisa se envolver com cada ideia que surge em sua mente, mas, quando faz isso, está pensando.

Pensar é a causa-raiz de todo o sofrimento psicológico.

Você pode estar se perguntando: onde encaixar ideias positivas nesse contexto? Ideias positivas, ou que o façam se sentir bem, não são resultado do pensar. São, na verdade, geradas pelo estado natural de paz, amor e alegria. São fruto de um estado de ser, não de um estado de pensamento. Vamos abordar isso em profundidade no próximo capítulo.

Por ora, façamos um experimento rápido.

Farei uma pergunta, e tudo o que você precisa é ficar ciente do que vai vivenciar. Revisaremos depois o que aconteceu.

Quanto de dinheiro você sonha em ganhar por ano?

Faça uma pausa aqui e espere uma resposta vir à tona.

Tire cerca de 30 a 60 segundos para pensar sobre sua resposta de quanto dinheiro gostaria de ganhar por ano.

Não passe para o próximo passo até que tenha percorrido uma linha de pensamento sobre quanto gostaria de ganhar.

Agora, pegue essa quantia e multiplique por 5.

O que você pensa sobre esse novo objetivo para sua renda, agora multiplicada por 5?

Tire pelo menos mais 30 a 60 segundos para perceber como se sente quando pensa sobre isso e ver que outros pensamentos surgem conforme sente essas emoções.

Não continue até que tenha feito isso.

Ok, agora vamos revisar o que aconteceu.

Depois de eu propor a primeira pergunta sobre qual é a sua renda dos sonhos, em alguns segundos, uma resposta apareceu em sua mente. Isso é uma ideia. Observe quão rápido e sem esforço ela chegou a você.

Depois que uma resposta apareceu em sua mente, pedi que pensasse sobre ela. O que aconteceu desta vez?

Se você é como a maioria das pessoas, provavelmente embarcou em uma montanha-russa assim que começou a pensar sobre a ideia.

Você pode ter pensado em como não há maneira de ganhar tudo isso, que ninguém na sua família ganha tanto dinheiro, que não saberia o que fazer para ganhar tudo isso, que é estúpido querer tanto dinheiro ou que isso lhe dá a sensação de ser ganancioso.

Observe como se sentiu enquanto pensava nessas ideias.

É bem provável que não tenha se sentido muito bem, mas não tem problema, pois vou lhe mostrar o que fazer com relação a isso logo mais.

Esse é um excelente exemplo de ideias versus pensamentos.

Se eu fizer uma pergunta, uma ideia com certeza surgirá em sua mente.

As ideias não são inerentemente más. Lembre-se de que elas são matéria-prima mental energética com base na qual criamos o mundo.

No momento em que pensamos sobre nossas ideias, embarcamos em uma montanha-russa emocional; começamos a julgá-las e a criticá-las, bem como a vivenciar uma espécie de turbilhão emocional interior.

Quando lhe perguntei quanto queria ganhar, você teve uma ideia da quantia. Essa ideia era neutra e não exigiu nenhum esforço emocional. Na verdade, você pode ter sentido entusiasmo e animação. Foi só quando embarcou em um turbilhão de pensamentos sobre quanto gostaria de ganhar é que apareceram insegurança, indignidade, ansiedade, raiva, culpa ou qualquer outra emoção que possa ter vivenciado.

É isso o que quero dizer ao afirmar que pensar é a raiz de todo o sofrimento. A ideia inicial de quanto queria ganhar não causou nenhum sofrimento, até você começar a *pensar* sobre a ideia de quanto gostaria de ganhar.

Não é necessário pensar sobre nossas ideias nem julgá-las. Fazer isso não nos faz bem. Podemos achar que pensar nos ajuda, mas, na verdade, só nos faz sentir emoções negativas e indesejadas, além de criar razões para não conseguirmos ou pelas quais não deveríamos querer determinada coisa.

A única coisa útil foi a ideia inicial que surgiu em sua mente quando perguntei pela primeira vez quanto você queria ganhar. Todo o pensamento que veio depois foi destrutivo e inútil.

Ideias criam. Pensamentos destroem.

A razão pela qual pensar destrói é porque, assim que começamos a pensar sobre as ideias, projetamos nelas crenças limitadoras, julgamentos, críticas, programação prévia e condicionamento sobre a ideia, pensando nas infinitas razões de não podermos fazer ou ter determinada coisa.

Sem pensar, evitamos toda a programação negativa e os julgamentos que se sobrepõem à ideia inicial do que gostaríamos de criar.

Se eu lhe perguntar sobre como poderia ganhar a quantia de dinheiro que deseja, você vai vivenciar o mesmo fenômeno de ter ideias aleatórias surgindo em sua cabeça a respeito das maneiras pelas quais poderia fazer isso acontecer.

Essas são as ideias de criação. Ideias são inerentemente infinitas, expansivas e energeticamente positivas. Você saberá que está recebendo ideias divinas quando sentir emoções positivas, como leveza e vivacidade.

Assim que começar a pensar sobre essas ideias, pensar em como poderia ganhar o dinheiro que deseja, de imediato vai sentir um peso, restrições e limitações acompanhados de uma onda de emoções negativas. É assim que saberá que está pensando.

Uso meus sentimentos como um radar interno que me diz se estou recebendo transferências diretas de ideias do Universo ou se estou preso dentro da minha cabeça, pensando sobre essas ideias.

Você só pode sentir o que está pensando; portanto, sentimentos e emoções são como um painel intuitivo interno que me diz se estou pensando demais ou não.

Se tenho vivenciado muitas emoções negativas, sei que tenho pensado demais. Esse é outro exemplo de como somos naturalmente programados para o sucesso.

A seguir, há um quadro que compara pensamentos e ideias para ajudá-lo a identificar qual deles está em sua mente.

PENSAMENTOS VERSUS IDEIAS

Atributo	Ideia	Pensamento
Fonte	Universo	Ego
Peso	Leve	Pesado
Energia	Expansiva	Restritiva
Natureza	Infinita	Limitada
Qualidade	Criativa	Destrutiva
Essência	Divina	Mortal
Sensação	Vivacidade	Estresse
Emoção	Amor	Medo
Crença	Infinitas possibilidades	Confinamento
Sentido	Totalidade	Isolamento
Esforço	Sem esforço	Laborioso

CAPÍTULO 5

SE SÓ PODEMOS SENTIR O QUE PENSAMOS, NÃO PRECISAMOS PENSAR POSITIVAMENTE PARA TER SENTIMENTOS POSITIVOS?

> "Estamos sempre a apenas um pensamento de distância da paz, do amor e da alegria — que vêm de um estado de não pensamento."
> — Dicken Bettinger

Eis aqui uma ressalva ainda não mencionada ao princípio de que só podemos sentir o que pensamos. A maneira mais precisa de descrevê-la é que só podemos sentir emoções negativas quando estamos pensando.

O objetivo não é necessariamente parar de sentir de vez emoções negativas. Algumas emoções negativas podem ser úteis, como sentir medo ao decidir andar por um beco escuro sem ninguém à vista.

Essas emoções negativas só nos são úteis em termos de sobrevivência, mas, se não estivermos o tempo todo em situações de vida ou morte, as emoções negativas são mais inúteis do que úteis para a maioria.

Vamos avançar partindo do princípio de que não estamos lutando pela sobrevivência física, ou seja, usaremos o contexto de que as emoções negativas não são mais necessárias na maior parte do tempo. Quando menciono que só podemos sentir o que estamos pensando, a maioria das pessoas imagina que devamos pensar positivamente para sentir emoções positivas.

Em vez de convencê-lo de que isso é ou não verdade, faremos outra experiência para que você possa vivenciar a verdade por si só.

Lembre-se de um momento em que tenha sentido a maior alegria e o maior amor que já sentiu na vida, e permita-se de novo os sentimentos que vivenciou pelo máximo de tempo que puder ou pelo menos por 30 segundos.

Que tipo de pensamento estava passando pela sua mente no auge daquele momento em que sentiu a maior alegria e o maior amor? (Não estou perguntando o que estava fazendo, mas que pensamentos passavam pela sua cabeça naquele exato momento.)

Muitas pessoas que respondem a isso percebem que não estavam tendo nenhum pensamento naquele exato momento. Para outras, o pensamento era de que se sentiam gratas ou felizes.

Para quem respondeu que estava pensando em como se sentia grato: você vivenciou a alegria e o amor antes de ter esse pensamento ou depois?

Reserve de 10 a 15 segundos para responder a essa pergunta antes de continuar.

Que descobertas e epifanias você teve?

O que é louco é que a maioria das pessoas não estava pensando em nada enquanto se sentia muito feliz e repleta de amor.

As que tiveram o pensamento de gratidão sentiram primeiramente e, **depois**, tiveram esse pensamento.

Se tiveram esse pensamento, isso aconteceu depois de sentirem as emoções, portanto o pensamento não poderia ter produzido o sentimento.

Isso nos leva a outra verdade: **você não precisa pensar para sentir emoções positivas.**

A beleza da verdade é que ela não precisa de justificativa, porque pode ser vivenciada aqui e agora mesmo. Não precisa ser provada nem racionalizada, e você vivenciou essa verdade em primeira mão no exercício que acabamos de fazer.

Eis por que não precisamos ter pensamentos nem pensar para sentir emoções positivas como alegria e amor.

Nosso estado natural de ser é o de alegria, amor, êxtase, liberdade e gratidão. Pode ser difícil acreditar, já que, se é natural, por que não nos sentimos assim o tempo todo? Responderei a isso logo mais.

Se quisermos ver o estado natural de qualquer coisa, uma das melhores maneiras é olhar para a natureza e o estado dela em sua infância (antes de ter sido afetada e condicionada pelo ambiente).

Por exemplo, vamos olhar para o estado natural de um bebê. O que é o estado natural e padrão de um bebê (partindo do princípio de que ele não sofra abusos nem negligência, e que não tenha problemas físicos)? Os bebês são naturalmente estressados, ansiosos, temerosos e autoconscientes ou ficam, com naturalidade, em um estado de plenitude, felicidade e amor?

Nosso estado natural de ser é o de alegria, amor e paz. Portanto, qualquer pensamento que tenhamos só nos levará para longe desses estados naturais de ser, e é por isso que, sempre que nos sentimos extremamente estressados, pensamos DEMAIS. A força da emoção negativa que sentimos está em direta proporção a quanto estamos pensando naquele momento.

Em contrapartida, a intensidade da emoção positiva que sentimos é inversamente proporcional à quantidade de pensamento em nossa cabeça naquele momento. Em outras palavras, quanto menos pensamos, mais forte é a emoção positiva que vivenciamos.

Para ver a verdade nisso, lembre-se de situações em que sentiu extremo estresse e ansiedade, e verifique a intensidade de pensamentos que passavam pela sua cabeça naquele momento.

Tire cerca de 1 a 2 minutos para fazer isso.

Em seguida, lembre-se de situações de extrema alegria e amor, e perceba a quantidade de pensamentos naqueles momentos.

Tire cerca de mais 1 a 2 minutos para fazer isso antes de continuar, para de fato vivenciar e internalizar a verdade do que está vendo.

Uma analogia ensinada por meu coach me ajudou a cristalizar esse conceito: imaginar que nossa mente tem um velocímetro (como um carro), mas, em vez de quilômetros por hora, são pensamentos por minuto. Quanto mais pensarmos, mais alto o "pensamentômetro" vai estar, e, se pensarmos demais, entrará na zona acima do limite de velocidade permitido. É isso o que acontece quando nos sentimos muito estressados, esgotados, frustrados e zangados.

Não é o conteúdo dos pensamentos que nos causa estresse, mas o simples fato de estarmos pensando. A quantidade de pensamento está relacionada à magnitude do estresse e das emoções negativas que vivenciamos em dado momento. Quando você vivencia um excesso de frustração, estresse, ansiedade ou quaisquer emoções negativas, basta saber que é porque está pensando e que a intensidade dessas emoções está diretamente correlacionada à quantidade de pensamentos.

Portanto, não é o que pensamos que nos causa sofrimento, mas o fato de estarmos pensando.

Para resumir, não temos que tentar "pensar positivo" para vivenciar amor, alegria, felicidade ou quaisquer outras emoções positivas que desejemos, porque é nosso estado natural sentir essas emoções. As únicas vezes em que não sentimos essas emoções com naturalidade são aquelas em que começamos a pensar nas ideias que estamos tendo, bloqueando, assim, a conexão direta com a Inteligência Infinita e nos sentindo estressados, ansiosos, deprimidos e temerosos. Isso não tem relação com o conteúdo do nosso pensamento, mas com o ato de pensar, que é a causa-raiz de todo o sofrimento psicológico. A intensidade das emoções negativas tem correlação direta com a quantidade de pensamentos que experimentamos em dado momento. Quanto menos pensamos, mais espaço criamos para emoções positivas virem à tona.

CAPÍTULO 6

COMO A EXPERIÊNCIA HUMANA É CRIADA — OS TRÊS PRINCÍPIOS

"Se a única coisa que as pessoas aprendessem fosse a não temer sua experiência, só isso já mudaria o mundo." — Sydney Banks

Em seu nível fundamental, a experiência humana é criada por estes três princípios: Mente, Consciência e Ideia Universais. Esses três princípios funcionam em conjunto, permitindo-nos vivenciar tudo o que fazemos na vida. Caso um deles esteja faltando, não somos capazes de vivenciar nada. Eles foram descobertos por Sydney Banks, e agora tenho o privilégio e a honra de compartilhá-los com você.

Compreender esses três princípios permite-nos saber como podemos nos libertar dos sofrimentos, mas também nos permite criar com base na Fonte.

MENTE UNIVERSAL

A Mente Universal é a Inteligência implícita em todas as coisas vivas; é a força vital e a energia que está em tudo. É por meio dela que um fruto sabe como crescer em uma árvore, que os planetas sabem como permanecer em órbita e que nosso corpo sabe como se curar quando nos ferimos; a maneira como nosso corpo tem de nos autorregular e nos manter vivos sem que tenhamos de fazer um esforço braçal para respirar e fazer o coração bater. A Inteligência que sabe fazer tudo isso e que está em todas as coisas é chamada de Mente Universal. Muitas pessoas a chamam de Deus, Inteligência Infinita, Campo Quântico, Fonte, além de outros nomes. É dela que as Ideias vêm, assim como tudo o mais no Universo. Todas as coisas estão conectadas pela Mente Universal. Não há separação entre nada, e, sempre quando parecer haver separação entre as coisas, isso é apenas ilusão do nosso pensamento. Quando estamos conectados à Mente Universal, sentimo-nos plenos, realizados, repletos de amor, alegria, paz e inspiração. É apenas quando começamos a pensar (acreditando na ilusão ou no ego) que bloqueamos esse fluxo da Mente Universal e passamos a nos sentir isolados, frustrados, solitários, irritados, ressentidos, tristes, deprimidos e com medo.

CONSCIÊNCIA UNIVERSAL

A Consciência Universal é a consciência coletiva de todas as coisas. É o que nos permite estar conscientes de nossa existência e de nossas ideias. Sem a Consciência Universal, não seríamos capazes de vivenciar nada. Nossos cinco sentidos não teriam utilidade, porque não haveria nada a sentir. Ela é o que dá vida às coisas e as torna perceptíveis para nós.

IDEIA UNIVERSAL

A Ideia Universal é a matéria-prima do Universo; é com base nela que podemos criar. É a nossa habilidade de pensar e criar pautando-nos na energia da Mente Universal. É o objeto que podemos perceber por meio da Consciência. Sem a Ideia, não teríamos nada do que ter Consciência. A Ideia é como o vídeo que contém toda a informação para que possamos ver o filme na TV. A TV e o leitor de DVD são como a Consciência — permitem-nos ter um mecanismo para dar vida às informações do DVD, a fim de que sejamos capazes de assistir ao filme e vivenciá-lo. A eletricidade necessária para alimentar o leitor de DVD e a TV são como a Mente Universal, no sentido de que esta é a energia/força invisível que conecta e alimenta todas as coisas. É a Fonte com base na qual tudo pode funcionar e desempenhar seu papel.

CAPÍTULO 7

SE PENSAR É A CAUSA-RAIZ DO SOFRIMENTO, COMO PARAR DE PENSAR?

"Uma mente abarrotada não deixa espaço para um coração tranquilo." — Christine Evangelou

CÉU E INFERNO: UMA PARÁBOLA ZEN

Um samurai durão e corajoso uma vez se aproximou de um mestre zen que se encontrava em profunda meditação. Impaciente e descortês, o samurai exigiu com sua voz rouca, tão acostumada a obter coisas com a força do grito:

— Diga-me a natureza do céu e do inferno.

O mestre zen abriu os olhos, fitou o samurai e respondeu com certo desprezo:

— Por que eu deveria responder a um desleixado asqueroso e desesperançoso como você? Um verme como você acha que eu deveria lhe dizer alguma coisa? Não o suporto. Saia da minha frente. Não tenho tempo para perguntas tolas.

O samurai não pôde aturar esses insultos. Consumido pela fúria, puxou a espada e ergueu-a para arrancar a cabeça do mestre de uma só vez.

Olhando nos olhos do samurai, o mestre zen declarou, então, com gentileza:

— Este é o inferno.

O samurai congelou. Imediatamente entendeu que a raiva o controlava. Sua mente tinha acabado de criar o próprio inferno, ao se encher de ressentimento, ódio, defensividade e fúria. Percebeu que ficara tão profundamente envolvido em seu tormento, que estivera prestes a matar alguém.

Os olhos do samurai encheram-se de lágrimas. Colocando a espada de lado, ele juntou as palmas das mãos e, obsequiosamente, inclinou-se em sinal de gratidão por aquela percepção.

O mestre zen gentilmente tornou com um delicado sorriso:

— E este é o céu.

Não é possível simplesmente parar de pensar, mas o que podemos fazer é reduzir o tempo que passamos pensando, para que isso aconteça menos a cada dia. No fim, podemos chegar a um ponto em que passaremos a maior parte do dia sem estarmos sufocados pelos pensamentos e, assim, vivermos em um estado de felicidade na maior parte do tempo.

Quando dizemos que queremos parar de pensar, muitas pessoas supõem que estamos tentando cessar tudo o que passa por nossa cabeça. Mas não é bem isso. Agora que você sabe a diferença entre ideias e pensamentos, é preciso trabalhar para permitir que as ideias venham e fluam através de nós enquanto minimizamos o pensamento sobre essas ideias.

A coisa mais interessante e quase paradoxal é que não temos de fazer nada para minimizar os pensamentos, além de percebê-los. Tornar-nos conscientes de que estamos pensando e de que essa é a causa-raiz de todo o nosso sofrimento automaticamente nos torna conscientes do fato e, assim, desapegamo-nos dos pensamentos, permitindo que venham e passem. Isso não requer quase nenhum esforço e é feito com uma genuína presença no momento presente.

Eis aqui uma analogia de um dos meus mentores que exemplifica esse conceito.

Imagine que eu lhe entregue uma tigela de água turva e suja; se eu lhe perguntasse como você faria para limpar a água, o que diria?

Reserve 15 segundos para ver a resposta que surge antes de continuar.

A maioria das pessoas diz algo como filtrar a água ou fervê-la. O que a maioria das pessoas não percebe é que, se deixarmos a água suja parada por um período, veremos que a sujeira começa a se assentar por conta própria e, depois de um tempo, a água fica limpa por si só.

É assim que a mente funciona. Se deixarmos o pensamento parado, sem perturbá-lo, sem tentar "filtrá-lo" nem "fervê-lo", ele se dissipará por conta própria, e a mente vai se clarear. O estado natural da água é de limpeza, e o estado natural de nossa mente também é de limpeza, desde que não a perturbemos.

Se a vida começar a parecer turva, desorganizada e estressante, e você não tiver certeza do que fazer, agora sabe que é apenas porque seu pensamento está mexendo na sujeira, turvando sua mente e tornando difícil enxergar à frente. Você pode usar isso como um indício que o auxiliará a perceber que está pensando demais.

Uma vez que nos tornamos conscientes do fato de que só sentimos o que pensamos e de que essa é a causa-raiz da experiência desagradável, veremos o pensamento pelo que ele de fato é. Então, permitiremos a ele que se instale, dando-lhe espaço, e lentamente assistiremos à maneira como vamos começar a clarear a mente de novo.

Você também pode comparar o pensamento com a areia movediça. Quanto mais lutamos contra o pensamento, mais ele amplifica as emoções negativas e pior fica. O mesmo vale para a areia movediça. Se estamos enterrados nela, a saída é não se debater. Se entrarmos em pânico e tentarmos lutar freneticamente contra ela, as coisas só piorarão, sufocando-nos ainda mais e puxando-nos para baixo mais rapidamente. A única saída é parar de lutar e permitir que o fluxo natural de nosso corpo assuma a tarefa de nos trazer de volta à superfície com facilidade. A única maneira de se livrar dos pensamentos é deixando-os fluir e confiando que nossa sabedoria interior natural nos guiará de volta à clareza e à paz, como ela sempre faz.

Se você se encontrar oscilando entre o pensar e o não pensar, saiba que tudo bem, que é bastante normal. Não há nenhuma maneira de permanecer em um estado de não pensamento a cada segundo de cada dia, e, se tentarmos fazer disso um objetivo, sofreremos por nos forçar a pensar sobre isso.

Somos seres espirituais, infinitos, com uma experiência física finita. Por isso, somos literalmente uma porta de entrada viva entre o humano e o divino, e, desse modo, oscilaremos, com naturalidade, entre os dois estados, de ansiedade/estresse e alegria/paz.

Não podemos controlar nem impedir a oscilação entre o pensar e o não pensar, mas podemos minimizar o tempo gasto no pensamento e, assim, criar mais momentos em que nos sentimos alegres, tranquilos, apaixonados e plenos de amor.

Apesar de não sermos capazes de controlar quando vamos começar a pensar e de parecer que somos amaldiçoados por esse destino inevitável, não há por que nos preocuparmos, porque podemos sempre voltar a um estado de não pensamento. É apenas uma parte da nossa bela experiência humana.

O que pode nos trazer a verdadeira paz é saber que sempre teremos esse estado de genuína paz, amor e realização sob qualquer pensamento que possamos ter, a qualquer momento. Nunca perdemos esse belo estado, apenas nos esquecemos dele. Porém, só porque podemos esquecer, não significa que ele não esteja lá — assim como quando se torna noite quando o sol se põe, mas sabemos que ele continua lá. Se pensássemos que, ao se pôr, o sol não voltaria, vivenciaríamos pensamentos de ansiedade e temor. O mesmo vale para nosso estado de ser.

Estamos sempre a um passo de distância de nos lembrarmos que sempre temos um poço infinito de clareza, amor, alegria, paz e realização. Esquecemo-nos dele às vezes, mas, quando nos lembramos e percebemos que estamos envolvidos por pensamentos ao vivenciar emoções negativas, basta apenas isso para voltarmos ao nosso belo estado natural. Tudo o que temos de fazer é nos lembrar dele e saber que está apenas encoberto pelos pensamentos, assim como sabemos que agora é noite, mas que o sol não se foi para sempre e que vai nascer de novo em breve. Ter esse entendimento nos permitirá também apreciar a noite por sua existência e seu papel no Universo. Poderemos ver como ela faz parte da experiência humana e começar a valorizar sua beleza, tanto quanto a do sol.

CAPÍTULO 8

COMO PODEMOS PROSPERAR SEM PENSAR?

"A ansiedade é o pensamento descontrolado.
O fluxo é o controle sem pensamentos."
— James Clear

Eis aqui uma pergunta que vai guiá-lo a uma descoberta sobre essa questão:

Que pensamentos passam por sua cabeça quando você está fazendo o melhor dos trabalhos, no qual está totalmente envolvido e pelo qual é fascinado?

Reserve cerca de 15 segundos e aguarde que uma resposta surja antes de continuar.

Se ainda não teve a intuição ou a epifania de uma resposta, eis aqui outra pergunta que pode apontar na direção certa:

Quando você ama o que faz e está completamente imerso nessa atividade, perdendo toda a sensação de tempo e espaço (ou seja, está em um estado de fluxo completo), que pensamentos cruzam sua mente?

Faça uma pausa aqui e espere uma resposta vir à tona (dê cerca de 30 a 60 segundos para que a intuição surja).

Quando está fazendo o seu melhor trabalho e está em total estado de fluxo, no qual não há cisão entre você e o trabalho que está realizando, você não tem pensamentos. E, se os tem, eles apenas fluem por você, sem que tenha de parar para pensar sobre eles. Em outras palavras, o estado de desempenho máximo para os seres humanos pode ser descrito como um estado de não pensamento. Pode parecer loucura, mas fazemos o melhor trabalho possível quando não estamos pensando, e você acaba de provar isso com a própria experiência.

Aqui vai outro exemplo que ajudará a esclarecer ainda mais essa verdade. Quando atletas profissionais ou até olímpicos competem, você acha que ficam pensando e analisando em minúcias cada coisa que acontece no jogo? Que ideias ou pensamentos você acha que ocorrem durante a competição? Os atletas de mais alto desempenho descreverão que, quando estão no auge de sua atividade, entram na "zona". Esse é o estado de fluxo, ou de não pensamento.

Na cultura japonesa, há uma bela palavra para descrever esse fenômeno: *mushin*.

Eis aqui a definição dada pelo *The Shotokan Times*:

> *Mushin* é alcançado quando [a] mente está livre de pensamentos aleatórios, livre de raiva, livre de medo e particularmente livre de ego. Aplica-se durante o combate e em outras facetas da vida. Quando *mushin* é alcançado durante o combate, há uma ausência de pensamentos soltos e desconexos. Isso deixa o praticante livre para agir e reagir sem hesitação. O carateca reage de acordo com todo o estudo e o treinamento que o trouxeram até aquele ponto. Confiando não no que pensa que deve ser seu próximo passo, mas naquilo que foi treinado para fazer, direciona-se pelo instinto e pela reação subconsciente.

Uma vez cumprido o treinamento, o pensamento dificulta o desempenho dos atletas, e o mesmo vale para todos nós. Apenas hesitamos, ficamos relutantes, temos dúvidas, inseguranças e medos quando começamos a pensar e analisar demais. Funcionamos melhor, realizamos o nosso melhor e incorporamos todo o nosso potencial quando entramos em um estado de não pensamento. Sem pensar, ficamos livres das limitações do ego e somos capazes de criar as coisas mais incríveis do mundo. Não estou pedindo que adote essa crença, mas que a vivencie por si mesmo para que descubra como se apropriar dela.

CAPÍTULO 9

SE PARAMOS DE PENSAR, O QUE FAREMOS COM NOSSOS OBJETIVOS, SONHOS E AMBIÇÕES?

"Não há limitações para a mente, exceto aquelas que reconhecemos." — Napoleon Hill

PENSO, LOGO SOFRO

Quando enfim entendi que o pensamento era a causa-raiz de todo o meu sofrimento, comecei a pular, eufórico, aliviado e grato por descobrir a verdadeira razão para tudo de negativo que eu vivenciava. Esse êxtase durou pouco, pois logo depois a euforia assentou-se e os pensamentos seguintes brotaram em minha mente:

Se pensar é a causa-raiz de todo o meu sofrimento e eu apenas parar de pensar, como vou viver agora? E quanto a todos os meus objetivos, sonhos e ambições? Vou parar de querer coisas? Será que ficarei deitado no sofá, sem fazer nada da vida?

No caso de estar se perguntando, sim, eu sou telepático e, sim, posso ler sua mente. Só estou brincando, mas, se está se perguntando como escrevi as perguntas exatas ou bem semelhantes às que fez a si mesmo e como sei quais pensamentos você provavelmente está tendo agora, é porque eu também sou humano. Ao contrário da crença popular, todos estamos passando por jornadas semelhantes do despertar para o Verdadeiro Eu, então, tenha certeza de que muita gente está pensando exatamente o mesmo que você ao se dar conta de sua verdadeira magnificência.

Agora, de volta à questão do que faremos com nossos objetivos, sonhos e ambições quando pararmos de pensar... Enquanto eu ponderava sobre essas questões, uma quantidade incrível de medo e ansiedade começou a surgir, porque pensei que teria de renunciar a tudo isso e me tornar um monge no alto da montanha.

Com certeza, não estava pronto para isso. Por mais que desejasse ser iluminado e desapegado, gostava genuinamente de estar no mundo, de vivenciar a plenitude da vida com outras pessoas, mesmo que grande parte dessa experiência fosse repleta de sofrimento.

Eis aqui o que descobri sobre o que fazer com nossos objetivos e sonhos com base nesse novo entendimento. Tal como mencionado em capítulos anteriores, há uma diferença entre ideias e pensamentos. A fonte das ideias e a fonte dos pensamentos são diferentes, e é essa fonte que vai ditar o que causa ou não sofrimento.

Da mesma forma, a fonte de nossos objetivos e sonhos determinará se nos sentimos bem em ir atrás deles ou não. Como tudo neste mundo, não há nada inerentemente bom ou mau; o pensamento é que o torna assim. Objetivos, sonhos e ambições não são bons nem ruins; portanto, não é realmente uma situação de ou isso ou aquilo, embora a origem desses objetivos seja importante.

Existem duas fontes de objetivos: os que são criados por inspiração e aqueles criados por desespero.

Quando os objetivos são criados por desespero, sentimos um grande senso de escassez e urgência. O objetivo parece pesado, como um fardo, e podemos até nos sentir assombrados pela tarefa colossal com a qual nos comprometemos. A síndrome do impostor e a insegurança começam a se manifestar, e sempre nos sentimos como se nunca tivéssemos tempo para nada. Vivemos em um frenesi, em uma busca desesperada por respostas e maneiras de realizar nosso objetivo o mais rapidamente possível, sempre olhando para o externo, nunca nos sentindo bons o suficiente para a tarefa nem capazes de cumpri-la. E o pior de tudo: se atingirmos o objetivo, dentro de algumas horas ou dias, todos esses mesmos sentimentos de escassez começarão a ressurgir. Deixamos de nos sentir satisfeitos com o que realizamos, tornamo-nos incapazes de saborear as vitórias e, porque não sentimos que aquela conquista foi o suficiente, temos uma sensação de fracasso. Sem saber o que mais fazer, procuramos orientação externa para ver o que os outros estão fazendo e vemos que eles continuam a fazer a mesma coisa. Assim, definimos outro objetivo com base no desespero, em uma tentativa de escapar de todos os sentimentos negativos que corroem nossa alma.

Se cavarmos um pouco mais fundo nesses tipos de objetivos que estabelecemos, veremos que costumam ser "meios", e não "fins". Em outras palavras, os objetivos que estabelecemos em estado de desespero são todos um meio para um fim. Há sempre uma razão pela qual queremos alcançar esse objetivo, e é sempre em nome de outra coisa. Por exemplo, queremos criar um negócio multimilionário porque desejamos liberdade financeira ou queremos sair do emprego para escapar do estresse e da ansiedade que vêm dele. Sentimos como se TIVÉSSEMOS de fazer essas coisas em vez de DESEJAR fazê-las. Objetivos criados no desespero costumam ser "realistas" e criados com base na análise de nosso passado e do que julgamos ser "plausível" no momento. É tudo muito sufocante e limitador. Embora esses objetivos e sonhos possam nos entusiasmar naquele momento, assim que começamos a tentar criá-los, sentimos falta de algo e ficamos desesperados para colocar o sonho em prática. Paradoxalmente, se acabarmos atingindo um objetivo criado com base no desespero, pegamo-nos nos sentindo ainda mais vazios do que antes. A próxima coisa "lógica" que tendemos a fazer é definir um objetivo ainda maior, motivados por um desespero ainda maior, na esperança de nos sentirmos plenos.

É assim que a maioria de nós define seus objetivos e vive sua existência. Não digo isso para criticar ou julgar, mas apenas para revelar a realidade. A única razão pela qual fui capaz de descrever isso em detalhes dolorosos e excruciantes é porque essa era a minha vida.

Eis aqui a boa notícia: não é sua culpa ter definido seus objetivos dessa forma, e há uma saída. É por meio da criação de objetivos e sonhos por inspiração, não por desespero.

Quando traçamos objetivos por inspiração, a situação se desenrola de maneira completamente diferente. Nesse estado, criamos objetivos porque nos sentimos profundamente comovidos, inspirados e expansivos. Parece um chamado, não uma obrigação. É quando surge uma poderosa força vital dentro de nós, querendo ser expressa através de nós, manifestada no mundo físico. É por isso que os pintores pintam, que os dançarinos dançam, que os escritores escrevem e que os cantores cantam, mesmo que nunca sejam pagos ou ganhem a vida com essa atividade. Sentimo-nos atraídos por uma força de criação. Gravitamos em direção a ela. Sentimo-nos compelidos a fazer algo. Quando nos sentimos assim, estamos criando de um lugar de abundância, e não de escassez.

O mais surpreendente de tudo é que, nesse estado, criamos não por qualquer motivo, mas tão somente porque desejamos. Não criamos porque sentimos que TEMOS de fazê-lo, mas apenas porque queremos, sem qualquer outra razão. Não criamos esses objetivos para que possamos fazer alguma outra coisa ou usá-los como um meio para conquistar algum outro desejo. Essa criação vem de um lugar de plenitude e abundância. É um transbordamento de amor e alegria pela vida. Essa é a razão pela qual a maioria de nós quer ou tem filhos. Não é para que possamos tirar dinheiro deles quando estiverem crescidos o bastante para trabalhar ou usá-los como um plano de aposentadoria. Queremos filhos porque desejamos compartilhar a abundância do que temos com eles, e isso vem de um lugar de compartilhamento, de divisão do que temos em vez de tentar obter algo de fora.

Esse sentimento de inspiração profunda é incrivelmente difícil de descrever, porque não vem deste mundo. E não vem de nós, mas passa através de nós, vindo de algo maior. Gosto de chamar esse sentimento de inspiração divina, porque as ideias e a visão que temos do que queremos criar parecem ser muito maiores do que poderíamos ter imaginado por nós mesmos. Como a inspiração divina não vem de nós, mas de algo maior, não analise nem confie em ocorrências passadas ou no que você ou qualquer outra pessoa já realizou no mundo. A inspiração divina é o que torna criações e invenções inovadoras — que pareciam ser impossíveis há muito tempo — uma realidade. Ela não conhece fronteiras, limites ou restrições. É uma força incrivelmente expansiva, que nos energiza e nos eleva, fazendo-nos sentir como se estivéssemos no "patamar" da vida. Nesse estado, sentimo-nos íntegros, completos, repletos de amor incondicional, alegria e paz. Não analisamos, comparamos, criticamos, julgamos ou racionalizamos seja lá o que for; em vez disso, vivemos, amamos, compartilhamos, doamos, criamos, crescemos e nutrimos. É realmente um dos maiores sentimentos que podemos vivenciar, e é verdadeiramente um dom sermos capazes de experimentar o divino como seres humanos (porque viemos da mesma fonte).

Todo mundo já vivenciou esse profundo sentimento e desejo de criar algo maravilhoso no mundo que vem da pura inspiração, não do desespero. Antes de prosseguir para o parágrafo seguinte, encorajo-o a testar essa teoria. Faça uma pausa aqui e passe alguns minutos pensando nas vezes em que vivenciou um sentimento ou um fortíssimo desejo de criar algo magnífico porque se sentiu profundamente inspirado a fazê-lo, como se fosse uma missão. Não importa se tenha criado ou não, mas apenas pense em um momento em que tenha vivenciado esse sentimento.

Não é um dos sentimentos mais incríveis do mundo? A maioria sente essa inspiração divina, mas depois a reprime, assim que começa a pensar em realizá-la. Surgem as dúvidas, e começamos a racionalizar sobre o porquê de não conseguirmos realizar essa inspiração, a nos dizer que ela não é tangível e que devíamos nos concentrar em coisas mais importantes; por fim, achamos que não somos bons o suficiente para isso. Assim que começamos a pensar na ideia do desejo de criação, a conexão com a fonte dessa inspiração se rompe por completo, e voltamos à vida habitual. Quando cortamos a ligação com essa fonte, também cortamos os sentimentos de abundância, exuberância, êxtase, alegria e genuíno amor incondicional, voltando-nos aos sentimentos de dúvida, ansiedade, frustração, tristeza e à sensação de confinamento, prisão e frustração.

Só podemos seguir um chamado de cada vez, por inspiração ou desespero, no momento presente. Os dois não podem coexistir, embora possamos flutuar entre eles, dependendo da quantidade de pensamento em que imergirmos.

Quando paramos de pensar, não paramos de ter objetivos nem sonhos; apenas voltamos à nossa verdadeira natureza e começamos a criar objetivos e sonhos por inspiração, não desespero. Passamos a permitir que os pensamentos do Universo entrem em nossa mente e nos conduzam à inspiração divina para criar algo que nunca foi criado no mundo. Quando seguimos a inspiração divina, sentimo-nos vivos, plenos, realizados, com amor, alegria e paz.

Então, como podemos distinguir um objetivo ou um sonho criado por inspiração de um criado por desespero?

Uma maneira simples de saber se um objetivo ou um sonho é criado por inspiração é lembrar a distinção entre ideias e pensamentos. Objetivos e sonhos que vêm na forma de ideias são criados por inspiração. Objetivos e sonhos que vêm de pensamentos são criados por desespero.

Em geral, pensamos, analisamos, julgamos, criticamos, racionalizamos e usamos o passado para tentar criar objetivos, mas essa forma parece extremamente restritiva e limitadora. Em geral, não nos sentimos bem ao criar esses tipos de objetivo e, quando estamos atrás deles, também não nos sentimos bem, já que é tudo por desespero.

Outra maneira de identificar um e outro é verificar como você se sente em termos de energia. Objetivos e sonhos criados por desespero pesam, drenam, confinam e esvaziam. Tendemos a sentir muita escassez, medo e estresse, como se TIVÉSSEMOS de fazer aquilo ou fôssemos obrigados a fazê-lo. Com esse tipo de objetivo, parece que, se não o realizarmos, haverá consequências terríveis, daí a alta pressão e os riscos (sei que você percebe agora como tudo isso pode gerar o sentimento de desespero). Além disso, sentimos que estamos tentando realizar esse objetivo para escapar da situação atual. Objetivos criados nesse estado são, com frequência, meios, o que significa que queremos atingi-los para poder fazer outra coisa depois, como o objetivo de sair do emprego. É bem provável que você deseje isso porque quer fazer algo de que realmente goste, mas note como o objetivo de abandonar seu emprego é apenas um meio para fazer outra coisa, ou ter o objetivo de ganhar 1 milhão, que em geral é traçado porque você quer ter liberdade financeira e viajar pelo mundo. Esses objetivos são meios para um fim, e não o próprio fim. Há sempre uma razão pela qual queremos atingi-los, e ela nos faz sentir um vazio interior.

Quero enfatizar que nenhum desses objetivos é inerentemente ruim nem que não devamos ter o objetivo de ganhar dinheiro ou largar do emprego. Se eles são criados por inspiração, é completamente diferente. Isso depende apenas da fonte dos objetivos, e não necessariamente do objetivo em si. Essa é uma distinção importante a se fazer; caso contrário, você vai passar a maior parte do tempo sofrendo e se estressando para saber se esse é o objetivo certo para você ou não. Não há um objetivo certo ou errado, apenas objetivos criados por inspiração ou desespero. E isso depende apenas de como você quer se sentir por dentro. Quando se der conta desses dois tipos de objetivo e de como eles se manifestam, será capaz de se sentir feliz ao ir atrás deles, conforme for criando coisas incríveis em sua vida.

Em contrapartida, objetivos e sonhos criados por inspiração (que surgem de ideias) são leves, revigorantes, edificantes e expansivos. Tendemos a nos sentir entusiasmados, alegres e, o mais importante, inspirados. Não nos sentimos como se TIVÉSSEMOS de criar algo, mas como se QUISÉSSEMOS fazer isso. Em vez de sentir que PRECISA fazer algo, você se sente inspirado. Não há pressão, porque não estamos tentando deixar alguma coisa para trás ou escapar da situação atual ao realizarmos esse objetivo. Não há escassez nem urgência, porque não sentimos que estamos criando algo por causa da escassez, mas, sim, da abundância, e só queremos compartilhar isso com o mundo. Como esse objetivo vem da inspiração, não queremos um meio para obter outra coisa. Aliás, o objetivo não é um meio, e sim um fim em si mesmo. Não há qualquer "razão" que nos leve a criar. Não estamos criando para nos sentirmos plenos, mas porque nos sentimos plenos e queremos dar algo ao mundo com base nesse lugar de plenitude, sem esperar nada em troca.

Tenho certeza de que você consegue ver a diferença gritante entre essas duas coisas agora e que pode dizer de qual tipo são seus objetivos. Se a maioria deles se enquadrar na categoria de desespero, não se preocupe, porque a maior parte das pessoas tem mesmo objetivos criados no desespero, inclusive eu, antes de encontrar um caminho melhor.

Então, como criamos objetivos e sonhos por inspiração, e não por desespero?

Criar objetivos e sonhos por inspiração divina não é algo que você tenha de tentar fazer. Naturalmente, temos pensamentos de inspiração infinita o tempo todo. Se você olhar para as crianças, verá que elas têm sonhos e fantasias inimagináveis do que gostariam de fazer. Na maior parte do tempo, sequer registram na mente que não podem fazer algo. A única diferença entre nós e as crianças é que aprendemos a reprimir todos esses pensamentos de inspiração que contêm sonhos, esperanças e objetivos que gostaríamos de ver manifestados no mundo. Nossa mente é preenchida mais com razões para não ter algo do que ideias acerca do que desejaríamos criar.

De modo inato, temos um fluxo infinito de inspiração que passa através de nós, mas o bloqueamos assim que começamos a pensar sobre as ideias que temos, o que causa dúvidas, autossabotagem e ansiedade. Pense no fluxo de inspiração para criar como se fosse um rio. O rio sempre flui, até o homem inserir um bloqueio que o impede de seguir seu curso, como uma barragem. Então, quando a barragem está ali, perguntamos por que há tantos peixes morrendo, animais desaparecendo e florestas diminuindo, quando tudo o que precisamos fazer é devolver o rio a seu estado natural, para que tudo funcione com perfeição, do jeito que a natureza deseja.

O mesmo se dá em relação à nossa mente e aos nossos objetivos. Sempre sonhamos, temos grandes objetivos e sabemos o que fazer em todos os momentos quando somos tocados em nossa sabedoria e inteligência interior, sem pensamentos que as bloqueiem. Se não ficarmos pensando nas ideias que temos, sonhos, objetivos e desejos surgirão com naturalidade, pois se originam da divindade. É assim que criamos objetivos por inspiração, e não por desespero.

Uma pergunta que me ajuda muito a acalmar o pensamento e tirar proveito da fonte ilimitada de possibilidades do que eu poderia criar é:

Se eu tivesse uma quantidade infinita de dinheiro, já tivesse viajado pelo mundo, não tivesse medo nem recebesse qualquer reconhecimento pelo que faço, o que eu faria ou o que criaria?

Quando fazemos perguntas, as respostas *sempre* surgem. É impossível para o cérebro receber uma pergunta e não gerar uma resposta. Assim, quando se fizer essa pergunta, tudo o que começar a lhe chegar sem qualquer esforço de pensamento será de fonte divina ou proveniente da inspiração, e não do desespero.

A forma como a questão é elaborada é extremamente importante, porque remove a maior parte dos pensamentos, do medo, da crítica e das razões externas sobre por que você gostaria de fazer algo. Assim, é possível focar sua resposta no que de fato quer criar (em geral, não é por nenhuma outra razão a não ser pelo fato de que criar é divertido), sem quaisquer influências do mundo material.

Tente fazer a pergunta e ver o que surge! Você ficará surpreso com o que emerge de dentro de si, mas não se prenda aos pensamentos quando seus verdadeiros sonhos começarem a lhe ser revelados.

Para uma mente sem os limites do pensamento, tudo é possível.

CAPÍTULO 10

AMOR INCONDICIONAL E CRIAÇÃO

"O maior poder que a humanidade poderia alcançar é o do amor incondicional. É quando as pessoas amam sem limitações, condições ou fronteiras." — Tony Green

AMOR INCONDICIONAL

Aprendi o que é amor incondicional com minha extraordinária companheira, Makenna. Durante a maior parte da minha vida, sempre questionei tudo. Tinha que saber a razão implícita das coisas; caso contrário, ficava louco. Não conseguia apenas vivenciar minha existência sem saber o significado e a razão por trás de tudo.

Como muitos fazem após cerca de um ano de namoro, perguntei a Makenna por que ela me amava. Inocentemente, ela respondeu que não sabia o porquê, que só sabia que me amava. Depois me perguntou por que eu a amava, e listei dezenas de razões, que iam de seu belo sorriso à sua adorável risada, de quão puro era seu coração a quanto ela amava sua família e quão inteligente ela era, e a lista continuava, quase indefinidamente.

Agora já faz sete anos que namoramos. A cada poucos meses desde aquela primeira vez, tenho repetido a pergunta sobre por que ela me ama e, até agora, ela ainda diz o mesmo: "Eu não sei, só sei que amo... muito".

Isso me incomodou um pouco por um bom tempo; não entendia como ela não sabia por que me amava. Eu poderia listar 50 razões para amá-la, mas ela não era capaz de citar algumas poucas. Mesmo assim, ao longo dos anos, passei a amá-la tanto, que não me importava mais com o fato de ela não saber me dizer suas razões. Apenas aceitava e continuava amando-a de qualquer maneira, porque não podia evitar.

Foi apenas alguns meses atrás que me dei conta de por que ela não podia citar suas razões. Comecei a questionar as razões que eu tinha para amar Makenna. Então tive uma epifania que mudou minha vida para sempre.

Perguntei a mim mesmo se eu a amava por sua risada ou porque ela adorava ajudar outras pessoas. O que aconteceria se ela não risse um dia ou não ajudasse alguém? Eu pararia de amá-la se ela não fizesse as coisas que eu disse que eram as razões de amá-la? Percebi que, ao criar razões, eu condicionava meu amor por ela a esses traços ou ações específicas e, se ela não os tivesse ou não os fizesse, então eu não a amaria. É claro que isso não é verdade.

Naquele momento, tive a percepção inspiradora de que Makenna não era capaz de listar suas razões porque seu amor por mim era incondicional. Não havia razões para ela me amar; se as houvesse, isso significaria me amar apenas se eu estivesse exibindo esses traços ou fazendo determinadas coisas.

Seu amor por mim não era baseado em meu humor nem no que eu fazia; seu amor por mim ia além de todas as "razões", sem se basear em reciprocidade. Ela não me amava porque eu a amava, tampouco por causa do que eu podia fazer por ela. Ela vivenciava tanto amor dentro de si mesma, que o que me dava era um derramamento da abundância de um amor incondicional.

Tentar articular esse sentimento e de onde ele vem talvez seja a coisa mais difícil que já fiz na vida, porque estou tentando descrever o indescritível.

Com essa experiência, aprendi a tornar meu amor por Makenna incondicional, sem colocar razões ou condições no meu amor por ela (porque, se o fizesse, estaria colocando condições para não amá-la também). Há tanto amor em mim agora que vivencio apenas um derramamento de amor incondicional, algo que não posso evitar; posso apenas amá-la, não importa o que aconteça. Esse amor incondicional não vem de razões externas, mas do interior da fonte infinita da qual todos viemos.

Estamos todos ligados a esse amor puro e incondicional, que é Deus, o Universo, ou qualquer nome que prefira usar. A única coisa que nos impede de alcançá-lo é nosso pensamento, que nos separa e afasta desse amor incondicional.

CRIAÇÃO INCONDICIONAL

A criação incondicional é a forma mais genuína de criação que existe. Quando uma coisa é criada a partir do amor incondicional, só conseguimos admirá-la, perplexos. A criação incondicional é sempre inovadora, única, cativante, arrojada, diferente, revolucionária à sua maneira. Poucas pessoas lidam com esse espaço, porque sempre colocamos condições em torno do que fazemos ou construímos.

Por exemplo, com frequência inventamos de fazer algo para ganhar mais dinheiro. Essa criação é condicional, porque ninguém quer dinheiro só para ter dinheiro. A maioria das pessoas quer dinheiro para comprar ou obter algo.

Isso, por natureza, dota a criação de uma situação condicional. Só se cria porque se deseja outra coisa. Quando criamos algo para obter outra coisa, em geral não gostamos do processo de criação, sendo ele apenas um meio para um fim, nunca um fim por si só.

É por isso que sempre nos sentimos perseguindo algo, lutando, nos esforçando, tentando e ficando constantemente estressados e sobrecarregados. Mesmo depois que alcançamos o objetivo, só vamos desfrutar dele por poucos segundos, e logo passaremos a outro, pois jamais obtemos o que procuramos.

O que procuramos são sentimentos. Queremos mais dinheiro para ter sensação de segurança e paz. Queremos passar tempo com a família porque assim sentimos amor e alegria. Queremos fazer o que amamos porque isso nos dá uma sensação de satisfação interior. Esses são todos, em última análise, sentimentos que tentamos obter, mas continuamos pensando que o objetivo ou objeto que buscamos nos dará esses sentimentos. Esse raciocínio é fundamentalmente falho, porque os sentimentos só podem ser gerados dentro de nós, não a partir de coisas externas. As coisas externas podem nos levar a criar sentimentos, mas somos nós que os produzimos dentro de nós.

O que é paradoxal (como tudo na dualidade da vida) é que, **quando criamos algo sem condicionais nem razões, não demoramos a sentir todos os sentimentos positivos que buscávamos**.

A criação incondicional é criar algo sem que seja para outro propósito senão sua pura criação, motivada pelo desejo dessa criação.

Não é por dinheiro, fama, amor ou qualquer outra coisa. Criamos apenas porque queremos criar. Essa é a criação da abundância. Quando criamos nesse estado, sentimo-nos plenos por dentro, e todo o amor que queremos sentir já se torna o que estamos sentindo no momento.

Só podemos buscar a criação incondicional se estivermos em um estado de não pensamento. O cérebro nos fará pensar que é inútil fazer algo apenas porque desejamos fazê-lo, mas esse é o segredo. Assim que realizamos coisas sem nenhuma razão, entramos no reino do viver incondicionalmente. É quando vivenciamos fluxo, unicidade e conexão direta com o Universo/Deus.

CAPÍTULO 11

O QUE FAZER APÓS VIVENCIAR PAZ, ALEGRIA, AMOR E REALIZAÇÃO NO PRESENTE?

"Não pense. Isso complica as coisas. Apenas sinta e, se sentir-se em casa, então siga esse caminho." — R. M. Drake

Se você tem aplicado os princípios deste livro, é bem possível que já tenha sido capaz de encontrar a paz por meio do não pensamento. Se não, eu o encorajo vigorosamente a se lembrar de que todos os sentimentos negativos vêm dele. Tudo o que você tem a fazer é tornar-se consciente desse fato, o que fará os pensamentos se assentarem assim como os detritos se assentam na água suja. Uma vez que perceber que é apenas seu pensamento e que não há nada a temer, você vai vivenciar a verdadeira paz no presente.

Quando tiver sido capaz de vivenciar a paz, pode ser que não tenha mais certeza do que fazer a seguir. Pode ser que, a essa altura, comece a se sentir preocupado, ansioso e em dúvida. Muitos de meus clientes — e eu, inclusive — começaram a perguntar se tinham perdido seu traço diferencial e a força de vontade para realizar qualquer coisa neste mundo. **Não se preocupe, tudo isso é normal e faz parte do processo de despertar.**

Você já aprendeu a parte mais difícil, que é praticar o não pensamento e impedir os pensamentos negativos de controlarem sua vida.

A razão pela qual nos sentimos preocupados, ansiosos e em dúvida depois de vivenciar a paz é porque acabamos de renunciar a tudo o que pensávamos que sabíamos sobre o mundo. O que aconteceu, na verdade, foi a morte do ego pessoal. Uma consequência natural é que, uma vez que o ego pessoal é ameaçado, ele faz tudo o que estiver ao seu alcance para recuperar o controle sobre sua vida.

O ego é algo de que não podemos nos livrar para sempre; é por isso que, mesmo depois de vivenciar a paz, podem restar sentimentos de dúvida, preocupação e ansiedade. É nesse momento que o ego (pensamento) tentará recuperar seu poder. Mas não se preocupe, porque você já aprendeu a neutralizar com rapidez o ego, lembrando que seu pensamento é a única causa dos sentimentos negativos. O objetivo não é tentar fazer com que os pensamentos jamais adentrem sua mente, mas, sim, encurtar o tempo necessário para se lembrar de que é apenas seu pensamento que está causando as emoções negativas. É impossível evitar que o pensamento aconteça, porque está enraizado em nós.

Por exemplo, é de nossa natureza humana nos assustar ao vermos, de repente, uma cobra no caminho. Mas, quando percebemos que não passa de um pedaço de corda e nos damos conta da ilusão, cientes de que o pensamento é que gerou o medo, podemos retomar a tranquila caminhada pela bela trilha. Não podemos evitar a reação inicial, mas podemos sempre lembrar a verdade e voltar ao nosso estado natural de paz — e é isso o que importa.

Outra razão para sentirmos ansiedade e preocupação, bem como ficarmos em dúvida quando vivenciamos a paz, é o fato de estarmos acostumados a usar uma quantidade colossal de energia para pensar em tudo, o tempo todo. A maioria das pessoas passa a maior parte do dia em estado de estresse (pensamento), consumindo enormes quantidades de energia. Quando paramos de pensar, essa energia que costumávamos usar para pensar é então "liberada", mas, ainda assim, não foi dirigida a lugar algum. Tendemos a voltar aos velhos padrões de canalizá-la para o pensamento, porque é a isso que fomos condicionados. O que podemos fazer nesse caso é canalizar a energia recém-descoberta para os objetivos de inspiração. Essa é a cura e a intervenção necessárias para prevenir que essa energia volte a ser canalizada ao excesso de pensamentos.

Para que isso funcione, certifique-se de ter passado algum tempo criando seus objetivos de inspiração (não de desespero) e, tendo isso em mente, canalize toda a sua energia para eles. Se tiver em mente apenas objetivos de desespero, dirigir a energia a eles só perpetuará o excesso de pensamentos e os sentimentos negativos.

O que tende a ajudar muitas pessoas nessa fase é seguir um "ritual de ativação". Trata-se de uma rotina matinal que nos ajuda a entrar em estado de não pensamento e de fluxo. Assim, construímos o impulso em uma direção positiva logo ao acordar, para que seja mais fácil manter o estado de não pensamento pelo resto do dia. Um objeto em movimento permanecerá em movimento. Nunca entendi por que os mestres espirituais e todos os grandes líderes tinham uma rotina matinal, até me dar conta do poder do não pensamento e desse ímpeto.

Eis aqui a boa notícia: agora que toda a sua energia não está mais amarrada aos pensamentos, você pode usá-la e canalizá-la para criar novos objetivos de inspiração, alimentando-se e impulsionando-se para uma nova vida repleta de paz, alegria e amor.

CAPÍTULO 12

NADA É BOM OU MAU

"Não há nada bom ou mau, mas o pensamento
o faz assim." — William Shakespeare

Eis aqui uma analogia que o ajudará a colocar essa questão em perspectiva. Em um piano, há 88 teclas. Quando olhamos para um piano, não apontamos para teclas específicas sem um motivo e dizemos que aquela tecla está "incorreta". Só pensamos que uma tecla específica possa estar "incorreta" se alguém, tocando uma música específica, esbarrar em uma tecla que não está na partitura.

Inerentemente, o piano não tem teclas incorretas; tem apenas teclas e notas que soam mais ou menos agradáveis quando tocadas em sequência.

Assim como não há teclas incorretas no piano, não há decisões "incorretas" na vida. Só há pensamentos que nos dão sensações agradáveis ou não tão agradáveis. Quando colocamos as coisas em um balde de certo ou errado, bom ou mau, criamos uma dualidade e condicionamos nossa vida — o que vai determinar como nos sentimos.

Por exemplo, se acreditarmos que partidos políticos em oposição são incorretos ou ruins, isso pode causar animosidade dentro de nós e nos fazer sentir uma mescla de emoções negativas. Se, em contrapartida, considerarmos os diferentes partidos políticos da mesma maneira que as diferentes teclas de um piano, sabendo que não há partidos inerentemente "incorretos", abriremo-nos à experiência de amor, alegria e paz no momento presente. Começaremos a ver perspectivas alternativas que não víamos antes e a ter a oportunidade de aprofundar nossa compreensão sobre a verdadeira natureza da vida.

É como se caminhássemos em uma montanha e parássemos em pontos específicos para contemplar a bela vista. Não há pontos "incorretos" para assimilar a magnitude da natureza. Se estivermos abertos a todos os possíveis pontos, veremos a paisagem de modos diferentes em relação ao que víamos antes.

Em vez de procurar o correto e o incorreto, o bom ou o mau no mundo, procure a verdade. Em vez de tentar provar que está certo e que os outros estão errados ou quem é pior ou melhor, procure a verdade no que está à sua frente. Eu faria apenas uma ressalva a isso dizendo que muitas pessoas acreditam que o que pensam é a verdade. Na maior parte das vezes, sem uma compreensão mais profunda da vida, grande parte do que pensamos não é verdade, mesmo que pareça ser.

A verdade verdadeira não é subjetiva. Se for "verdadeiro" para uma pessoa, mas não para outra, então não é a verdade universal. Procure pelo que é universalmente verdadeiro para todos os seres humanos conscientes no planeta, não importando quem sejam, onde estejam e qual história de vida tenham. Essa é a verdade verdadeira, e é nela que você vai encontrar tudo o que procura. Lembre-se de que o único lugar em que pode encontrá-la é no fundo do seu ser, por isso, não tente procurá-la lá fora.

Se for confrontado com algo que possa gerar emoções negativas, busque dentro de si a fonte de verdade universal, no fundo de sua alma. Se tentar procurar as respostas do lado de fora ou buscar razões externas que expliquem por que você se sente assim, ficará em uma eterna busca, sem nunca encontrar a resposta.

Emoções negativas são um indício de mal-entendido. Quando nos apegamos às emoções negativas, isso significa que acreditamos no que pensamos. É nesse momento que nos esquecemos de onde vem nossa experiência e de que o pensamento é a causa das emoções negativas.

Tudo o que precisa fazer é se lembrar de que pensar é a causa-raiz de como se sente. Uma vez que isso é trazido para a consciência, não lute contra o pensamento; basta tornar-se consciente dele, de que é ele que está causando os sentimentos desagradáveis. Assim, acolha-o com amor, e, lentamente, o pensamento se dissipará diante de seus olhos. Não muito tempo depois, você voltará a seu estado natural de paz, amor e alegria.

CAPÍTULO 13

COMO SABER O QUE FAZER SEM INTERFERÊNCIA DO PENSAMENTO?

> "A mente intuitiva é um dom sagrado, e a mente racional, um servo fiel. Criamos uma sociedade que honra o servo e se esquece do dom."
> — Albert Einstein

No capítulo anterior, discutimos como não há correto ou incorreto neste mundo. Este capítulo dará continuidade ao último ao aprofundar nossa compreensão e esclarecer como saber o que fazer sem interferência do pensamento.

Embora não haja decisões corretas ou incorretas a se tomar, assim como não há teclas erradas no piano, há decisões ou "teclas" que são mais agradáveis do que outras, a depender do contexto. Saber que nada é correto ou incorreto alivia um pouco da pressão de "tomar a decisão correta".

Quando tomamos decisões, devemos confiar no não pensamento. Quando tentamos pensar, analisar, criar listas de prós e contras e pedir conselhos a todos (inclusive a nossos animais de estimação), isso causa ansiedade e frustração, até que tomemos a decisão. Na maioria das vezes, já sabemos, no fundo, o que fazer em determinada situação. Chamamos isso de instinto, intuição ou sabedoria interior. O que fazemos é tentar confirmar a intuição no mundo externo, e é aí que a maioria das emoções negativas começa a surgir, causando estragos em nosso estado mental, desencadeados pela opinião alheia.

Só você pode saber o que quer fazer. Ninguém mais pode lhe dizer. Haverá mentores e coaches que podem guiá-lo ao longo do caminho, mas os melhores lhe dirão para ouvir sua intuição e buscar dentro de si a resposta (a verdade está sempre dentro de você). É por isso que muitos de nós vivenciamos o fenômeno do arrependimento, pois sabíamos, no fundo, o que devíamos ter feito com base em nossa intuição, mas a ignoramos e demos ouvidos a conselhos ou opiniões de outros.

Sua intuição sempre o levará para onde precisa ir e àquilo que deve fazer em certo momento. É como um GPS interno em tempo real, que lhe dirá quando fazer um desvio e qual caminho deve tomar se houver um bloqueio na estrada. É garantido que nosso GPS interior nos guiará exatamente para onde queremos ir; o que não é garantido é como ou em qual caminho ele nos colocará para nos levar até lá. Há inúmeras circunstâncias que podem acontecer na viagem rumo a seu destino, mas você pode ter certeza de que seu GPS vai conduzi-lo até lá.

OBSERVAÇÃO IMPORTANTE

A sociedade quase nunca confirmará nossa intuição até que esta tenha se popularizado. Por essa razão, se tentar olhar para o exterior a fim de confirmar o que sabe ser verdade dentro de você, quase sempre terá como resposta uma reação negativa e opiniões diferentes sobre quais deverão ser seus próximos passos. Evite olhar para fora para obter respostas. Siga sua intuição, seu sentimento instintivo, sua sabedoria interior e o Universo/Deus. Quando fizer isso, começará a presenciar milagres em sua vida que nunca poderia esperar ou mesmo imaginar. Aqueles que têm fé e coragem para fazê-lo descobrirão a verdadeira alegria, paz e amor que têm procurado enquanto apreciam o milagre da vida.

Então, como saber o que fazer sem interferência do pensamento?

A verdade é que a maioria sabe o que fazer, mas tem medo de fazê-lo. Por exemplo, se quisermos perder peso, sabemos exatamente o que precisamos fazer. A fórmula para perder peso não é ciência avançadíssima e, tampouco está escrita em hieróglifos. Quase todo mundo sabe que o que precisa ser feito é queimar mais calorias do que se consome, fazer exercícios e ingerir alimentos saudáveis. Para qualquer coisa na vida, é provável que você já saiba, no fundo, o que fazer, mas tem medo de fazê-lo ou não acredita ser bom o suficiente para tal.

O primeiro passo é perceber que você já sabe o que fazer; apenas acha que não, por medo ou insegurança. Se não tiver nenhum medo ou dúvida sobre a situação, mas, ainda assim, sentir que não sabe o que fazer, o próximo passo é confiar em sua sabedoria interior (Inteligência Infinita), que lhe dará as respostas de que precisa. Temos a capacidade de acessar um número infinito de ideias, portanto, não serão elas a faltar quando precisar fazer algo em algum momento. A única coisa que nos impede de acessar essa abundância de conhecimento é nosso próprio pensamento. Henry Ford disse: "Se acha que pode ou não pode, você está certo". Se seguirmos nossa vida pensando que não podemos, logo nos bloquearemos para as possibilidades ilimitadas do que podemos fazer a qualquer momento, o tempo todo, mas, quando liberamos o freio da mente e percebemos que é apenas o pensamento que nos reprime, automaticamente retornaremos ao estado natural de abundância e possibilidades ilimitadas — e, quando isso acontecer, poderemos receber a resposta de que necessitamos sobre o que fazer.

Em suma, saiba que você já sabe, mas, caso não o saiba, esteja ciente de que pode descobrir o que precisa saber.

Se souber disso, então aquilo de que precisa saber sempre virá até você. Confie na própria intuição e na sua sabedoria interior. Elas sempre estiveram e sempre estarão disponíveis para quando precisar, desde que confie nelas.

CAPÍTULO 14

COMO SEGUIR SUA INTUIÇÃO

> "Tenha a coragem de seguir seu
> coração e sua intuição.
> De alguma forma, eles já sabem
> o que você realmente quer se tornar.
> Todo o resto é secundário." — Steve Jobs

Em capítulo anterior, falamos sobre como não precisamos pensar para prosperar no mundo e que a maneira pela qual prosperamos é removendo o excesso de pensamento da mente. Fluxo é um estado de genuína unicidade e conexão direta com tudo ao redor. Como não há separação quando estamos nesse estado, também podemos dizer que ele é um indício de conexão direta e alinhamento com Deus/Universo/Inteligência Infinita.

O que o pensamento faz é cortar essa conexão que temos com a divindade, fazendo-nos sentir estresse, frustração, raiva, ressentimento, depressão e todas as emoções negativas que muitos de nós vivenciam todos os dias. É por isso que algumas religiões descrevem o Inferno como a cisão completa com Deus.

A partir de agora, para simplificar, vou usar o termo "não pensamento" em vez de falar em fluxo, mas, na verdade, eles são sinônimos na acepção que utilizo neste livro. O estado de não pensamento também equivale a uma conexão direta com a Inteligência Infinita.

Muitos atribuirão o estado de não pensar ou de fluir a uma atividade particular que adoram fazer e diriam que essa seria a única situação em que "fluem". Isso está longe da verdade. Podemos ingressar em um estado de não pensamento a qualquer instante. O único momento, porém, em que podemos realmente estar em um estado de não pensamento é agora, no presente. Só podemos ver a realidade no presente e, quando estamos pensando ativamente, vamos ou para o passado ou para o futuro (que não existem). Apenas no momento presente pode ser encontrada a verdade. É por isso que mestres e líderes espirituais ensinam a meditar, rezar e ficar no momento presente. Na Bíblia, quando Moisés pergunta a Deus o seu nome, Ele responde com "Eu sou". Deus não disse o que era ou o que seria (porque eram inexistentes), mas apenas "Eu sou". Deus, Verdade, Universo, liberdade, paz, alegria e amor (esses termos são todos sinônimos) podem ser encontrados e, portanto, vivenciados apenas no presente.

Quando você segue sua intuição, significa que está confiando em si e mantendo a fé de que sempre possuirá a sabedoria interior necessária que o guiará para tudo na vida. Esse é o estado de não pensamento, ou de fluxo.

Vamos explorar como podemos tornar esse conceito prático e aplicá-lo em nossa vida diária. O que significa seguir sua intuição e sua sabedoria interior? Como é possível fazer isso?

Quando você segue sua intuição, acessa algo maior do que o seu eu. Entra em um estado de não pensamento (fluxo) e conexão direta com Deus. Nesse estado, você sempre saberá o que precisa fazer sem que o pensamento interfira, pois se deixará guiar pela Inteligência Infinita. Chega a parecer que não estamos fazendo nada quando estamos nessa zona, porque perdemos o senso pessoal do eu e entramos em comunhão com a vida. Quando estamos assim, milagres ocorrem, como negócios que surgem do nada, pessoas que aparecem no lugar certo e na hora certa, dinheiro que vem exatamente quando precisamos, conexões que procurávamos "caem no colo" espontaneamente e a vida se torna quase mágica. O tempo parece ficar distorcido e dobrar-se em torno de nós, pois não o sentimos mais. Somos capazes, portanto, de realizar mais em alguns dias do que os demais em um mês. Abundância, amor, alegria, paz, harmonia e gratidão passam a ser sentimentos inevitáveis e inseparáveis desse estado.

Todo mundo já vivenciou momentos assim antes. Mas, embora várias pessoas tenham passado por esse fenômeno, poucas são capazes de mantê-lo por um longo período. A principal razão é que a maioria recai no ato de pensar e acreditar que precisa "chegar a conclusões" por si mesma. É exatamente quando começamos a pensar, também, que perdemos esse poder de criar circunstâncias e eventos milagrosos.

A verdade é que não temos de chegar a uma conclusão por nós mesmos, tampouco precisamos entender tudo. Como poderiam nossas mentes limitadas entender e tentar manipular o mundo todo de acordo com nossos desejos?

É somente quando pensamos que sabemos mais do que Deus que geramos problemas.

A boa notícia é que não precisamos saber mais do que Ele, tampouco temos de pensar. Tudo o que necessitamos fazer é confiar na própria intuição e ter fé que nossa sabedoria interior vai nos mostrar o melhor caminho. Quando perguntamos às pessoas mais prósperas, alegres e bem-sucedidas sobre como alcançaram essa condição, em geral elas atribuem seu sucesso a algum tipo de poder superior ou à sorte. Elas têm confiança em algo maior do que elas mesmas e, portanto, atribuem seu sucesso a isso, em vez de à pura força de vontade ou à força bruta.

Muita coisa na vida está completamente fora do nosso controle. Só podemos controlar uma porção diminuta. Isso não quer dizer que devamos desistir só porque não podemos controlar nada; é exatamente o oposto — e, quando nos damos conta disso, paramos de tentar controlar e forçar tudo a acontecer da maneira como queremos, tornando-nos, assim, libertos do sofrimento, da dor e da frustração, e começamos a ingressar no estado de não pensamento, em que tudo pode nos acontecer. Passamos a ver que tudo foi colocado com perfeição em nossa vida para nos ajudar a nos tornarmos a pessoa que somos agora, e que, se qualquer coisa fosse mudada, não teríamos o que temos. Milhões de pequenas circunstâncias e acontecimentos foram orquestrados de modo meticuloso para que estivéssemos aqui e agora. Planejar isso seria impossível e inútil, mas aqui estamos nós. Este é o milagre da vida.

Para voltar à questão do controle em nossa vida, há uma ressalva que quero fazer. É verdade que não podemos controlar tudo o que acontece, mas o que podemos controlar é se cultivamos ou não os pensamentos (que são a causa-raiz de todos os problemas e emoções negativas). Podemos decidir mudar nossa experiência de vida sempre que quisermos e também como nos sentimos a qualquer momento. É assim que podemos escolher ser felizes: fazendo a opção de renunciar ao pensamento. Não é isso o que importa, no fim das contas? Não tem relação com o que possuímos, mas com como nos sentimos por dentro — essa é a verdadeira medida do sucesso, da alegria e da realização.

Outro aspecto que gostaria de abordar é que, embora não possamos controlar muitas coisas, podemos escolher o que queremos na vida sem que necessariamente obtenhamos o que desejamos. Por exemplo, temos o dom da imaginação (acesso à Inteligência Infinita), o que significa que podemos criar qualquer coisa que queiramos. Essa é uma bênção incrível, mas, quando pensamos que precisamos descobrir como fazer acontecer o que desejamos, é então que as coisas se complicam. É nesse ponto que a maioria das pessoas desiste ou continua pelo caminho da força bruta, para tentar conquistar o que quer, e acaba sofrendo todos os dias por isso. E é assim que as pessoas passam a acreditar que temos de trabalhar duro e sofrer pelo que queremos na vida. Isso simplesmente não é verdade. Só é verdade se pensarmos que temos de descobrir o "como" chegar ao que queremos na vida. Nosso trabalho é criar o que queremos, e não como obter isso. O "como" é decisão do Universo. E esse é o melhor cenário possível, pois há um número infinito de maneiras de trazer à vida o que você quer, sendo inútil, portanto, que nosso pequeno cérebro tente descobrir sozinho.

Só sofremos quando tentamos descobrir como realizar tudo, mas não precisamos fazer isso; devemos apenas confiar na intuição e na sabedoria interior para nos ajudar a mostrar com exatidão o que precisamos fazer em tempo real para manifestar o que desejamos. Não há necessidade de tentar descobrir tudo com antecedência. **Nosso papel é manter em mente o que queremos e entrarmos em estado de não pensamento. Isso nos permite acessar a Inteligência Infinita (Deus) para que as respostas nos sejam reveladas no instante exato em que precisarmos delas.**

O caminho a ser seguido só nos é revelado quando começamos a trilhá-lo. Nunca haverá um momento em que o caminho todo será iluminado, para vermos cada passo de antemão. Isso negaria por completo a necessidade da fé, e é por esse motivo que a fé e a confiança são de extrema importância quando manifestamos um desejo.

Devemos ter uma fé completa e inabalável de que o que desejamos criar virá até nós, e isso só é possível se confiarmos plenamente na capacidade de o Universo orquestrar como tudo vai acontecer. Podemos sempre conquistar o que desejamos na vida, mas talvez não no momento nem da maneira que queremos.

Nossa intuição e nossa sabedoria interior (Deus) de fato falam conosco o tempo todo. Sabe aquela vozinha que sempre *sabe* o que você deve fazer? Talvez seja largar o emprego, perdoar uma pessoa que o magoou, convidar alguém para sair ou se reconectar com uma pessoa. É aquele instinto que você sente quando sabe o que precisa fazer. Você já se arrependeu de não ter feito algo quando seu instinto lhe disse para fazê-lo? Já teve a intuição de que deveria fazer uma coisa, mas sem uma razão lógica para isso, e fez mesmo assim, e coisas incríveis aconteceram logo depois? **Essa é sua intuição em ação.**

Nossa intuição nos chega na forma de ideias, mas lembre-se de que há uma diferença gritante entre ideias e pensamentos, como já discutimos em capítulo anterior. As ideias são divinas por natureza e surgem do nada na mente. Pensamentos, por sua vez, requerem um esforço braçal e extenuante que criamos para nós mesmos, parecendo ser uma tarefa pesada que, em geral, traz consigo emoções negativas. Quando você recebe ideias divinas da Inteligência Infinita, há uma sensação de familiaridade. Como contêm a verdade, você sabe, lá no fundo, que estão certas. Sua intuição quase nunca parecerá lógica ou racional, mas isso é exatamente o que desejamos, porque não queremos que ela seja previsível. Se fosse, não seria milagrosa nem conteria as infinitas possibilidades do Universo, que são todas espontâneas por natureza.

Sua intuição quase sempre vai contra a lógica, a racionalidade, então prepare-se para isso. Ela vai lhe sussurrar que você deve falar com um desconhecido em um café, o que resultará em uma bela amizade, ou ligar para um amigo espontaneamente, quando então você descobrirá que esse amigo precisava do apoio de alguém em um momento difícil. Ela lhe dirá para dar início e vivenciar seu dom divino, além de abrir-se para compartilhar a verdade que agora você conhece. Ela vai guiá-lo com suavidade pelo caminho para conquistar o que você realmente quer na vida, em vez de ir atrás do que todo mundo diz que você deveria querer. Esses são alguns exemplos do número infinito de maneiras pelas quais a intuição vai se comunicar, e, quando você a seguir, sempre criará milagres e abundância para além da sua mais louca fantasia.

Então, por que cada vez mais pessoas não passam a ouvir a intuição, já que ela sempre sabe o que deve ser feito e cria abundância quando é seguida? Por medo.

Ouvir a intuição pode ser assustador ou extremamente desconcertante. Isso porque a intuição vive no espaço do desconhecido. Em outras palavras, ela é espiritual e funciona no campo das possibilidades infinitas, que, por natureza, é o campo do desconhecido. Como humanos, sempre tememos o desconhecido, porque não podemos prever o que acontecerá. Mas é só quando o adentramos que passamos a vivenciar as possibilidades ilimitadas que a vida pode trazer. Por isso coisas mágicas e milagres acontecem quando confiamos na intuição. Estamos literalmente entrando na zona da pura possibilidade. É por essa razão que só precisamos saber "o que" queremos manifestar, mas não "como".

O único modo de entrar neste espaço de milagres é por meio do não pensamento. Se pensarmos, seremos ejetados de imediato para fora desse espaço e entraremos em estado de ansiedade, preocupação e sofrimento. O pensamento tentará prever o que poderia acontecer com base no passado. É por isso que a maioria das pessoas vive sempre mais do mesmo. Tentam usar a mente pessoal limitada para criar algo que nunca vivenciaram antes, sem perceber, em sua inocência, que só entrariam no desconhecido por meio de um estado de não pensamento e ouvindo a própria intuição. Só podemos criar algo que nunca experimentamos no reino das possibilidades infinitas, mas a única maneira de fazer isso acontecer é ir por onde nunca fomos antes, que é o desconhecido.

Em suma, sua intuição sempre sabe o que você precisa fazer no momento presente, mas a única maneira de acessá-la é entrando em estado de não pensamento. Sua mente pessoal vai se assustar, porque você estará adentrando o espaço de possibilidades infinitas (o desconhecido), mas, se lembrar-se de que é apenas o pensamento que o faz sentir medo, o temor será eliminado e a coragem de que precisa para agir conforme sua intuição surgirá com naturalidade. É nesse momento que você deve ter fé em sua sabedoria interior (Deus) para guiá-lo pela vida, mesmo quando não souber o que o espera — mas essa é justamente a aventura e a alegria de se viver. O desconhecido também é a única maneira de manifestar o que quer para sua vida. Você vai precisar fazer o que nunca fez para obter o que ainda não tem. Quando começar a agir seguindo a intuição, você não sentirá medo o tempo todo. O medo só está presente quando o pensamento gira em torno dele. Uma vez que reconhecer o medo e entender que é só seu pensamento que causa esse sentimento, a ilusão vai se desvanecer, e você embarcará de volta ao estado de paz, alegria e genuíno amor. Esse é o espaço em que quer ficar e que lhe permitirá criar os sentimentos positivos que são o pré-requisito para tornar realidade tudo o que pode imaginar para a sua vida.

CAPÍTULO 15

CRIANDO ESPAÇO PARA MILAGRES

"Hoje eu crio espaço para milagres. Reconheço que não é o tamanho do milagre que importa, mas o tamanho do espaço que crio para ele."
— Kyle Gray

A HISTÓRIA DE UM MESTRE ZEN E UM ACADÊMICO — ESVAZIE SUA XÍCARA

Era uma vez um sábio mestre zen. Pessoas viajavam de longe em busca de sua ajuda. Em troca, ele as ensinaria e lhes mostraria o caminho para a iluminação. Um dia, um estudioso foi até o mestre para receber aconselhamento.

— Vim pedir-lhe que me ensine sobre o zen — disse o estudioso.

Logo, tornou-se óbvio que o estudioso estava cheio de opiniões e conhecimentos próprios. Ele interrompia o mestre a todo momento com as próprias histórias e não conseguia ouvir o que o mestre tinha a dizer. Com tranquilidade, o mestre sugeriu a ele que tomassem um chá.

O sábio gentilmente encheu uma xícara para o convidado. A xícara já estava cheia, mas ele continuou derramando chá até que transbordasse sobre a mesa, no chão e, enfim, sobre as vestes do estudioso, que gritou:

— Pare! A xícara já está cheia. Não está vendo?

— Exatamente — o mestre zen respondeu com um sorriso. — Você está como essa xícara. Tão cheio de ideias que nada mais vai caber. Volte para mim com uma xícara vazia.

É irônico quanto poderia ser escrito sobre o nada. É isto que o espaço é: nada. Quando estudamos o Universo e a física quântica, percebemos que tudo vem do nada. Os grandes mestres espirituais, portanto, chamam isso de O Grande Nada. Para que haja criação, primeiro deve haver espaço. O mesmo vale para nossa mente. Se quiser que algo novo seja criado, como novas ideias, primeiro precisa criar espaço para receber essas novas ideias que poderão mudar sua vida. Assim como a xícara de chá, se sua mente já estiver repleta de antigos pensamentos, é impossível fazer com que os novos entrem nela para criar a mudança que procura.

Podemos criar esse espaço por meio do não pensamento. Assim que damos um fim ao esforço extenuante de pensar, abrimos na mente um espaço imediato para novas ideias. Perguntas que desafiem nosso modo atual de pensar também são uma ótima maneira de criar espaço na mente.

Toda a magia acontece nesse espaço do nada. Por exemplo, grandes atletas passam por períodos intensos de treino, mas os melhores atletas sabem que precisam de uma intensidade igual de descanso para permanecerem em seu desempenho máximo. Durante o período de descanso, recuperam-se, formam músculos e tornam-se mais fortes. É nesse espaço que criam para si, por meio do descanso, que tudo o que desejavam do treino se manifesta.

Quando Thomas Edison era confrontado com um problema particularmente desafiador, ele dormia na cadeira segurando uma bola de aço. Então, permitia-se adormecer, sabendo que acabaria deixando a bola cair, o que o faria acordar com uma solução na mente para o problema. Tudo vem do nada, e Edison entendia esse conceito de criar espaço na mente para novas ideias em vez de tentar se esforçar para resolver problemas com seu velho modo de pensar. Ele sabia que o velho pensamento não lhe traria a solução para seus desafios.

> "Não podemos resolver problemas usando o mesmo nível de consciência em que estávamos quando os criamos." — Albert Einstein

Einstein cultivava diferentes comportamentos peculiares e enigmáticos, assim como Edison, com uma compreensão semelhante sobre a criação de espaço. Quando Einstein ficava preso a um problema difícil, ele parava de trabalhar e ia tocar violino. Enquanto tocava, a resposta lhe vinha do nada e, assim, ele chegava à solução do seu problema. Einstein tinha criado espaço dentro da mente com o não pensamento para ser capaz de receber as informações divinas do Universo.

Não temos que tentar descobrir tudo. Até mesmo as pessoas que julgamos gênios não se empenhavam a ponto de forçar as maiores descobertas do mundo. Então, o que nos faz pensar que temos de fazer isso? Não somos diferentes; todos estão conectados à mesma fonte. Com a devida compreensão, também podemos lidar com descobertas e encarar qualquer desafio. Estamos sempre a uma ideia, a uma intuição de distância de uma experiência de vida completamente diferente.

Eis aqui o processo de como receber informações divinas quando for confrontado com um desafio:

1. Torne-se consciente de que seu pensamento é a causa-raiz das emoções negativas.
2. Crie espaço, renunciando a qualquer pensamento forçado na mente pessoal, e tenha plena fé de que sua sabedoria interior (Deus/Universo/Inteligência Infinita) lhe dará a resposta. Renda-se também a como e quando a resposta virá até você.
3. Torne-se consciente de quaisquer sentimentos que surjam à medida que você se rende e amplie os sentimentos de amor, paz e alegria. Enfrente a situação com amor, e a resposta chegará a você.

Se parecer simples demais, é uma coisa boa. A verdade é sempre simples. Embora possa ser simples, não é sempre fácil, e mesmo os maiores mestres espirituais têm dificuldade às vezes. O mais importante não é deixar de cair no ato de pensar (porque isso é inevitável), mas, sim, o que fazemos quando nos pegamos pensando mais uma vez. Desde que sempre se lembre de que só pode sentir o que está pensando e de que pensar é a causa-raiz de todo o sofrimento, você estará em liberdade.

CAPÍTULO 16

O QUE ACONTECE QUANDO COMEÇAMOS A VIVER EM NÃO PENSAMENTO (PROVÁVEIS OBSTÁCULOS)

"Não deixe o comportamento dos outros destruir sua paz interior." — Dalai Lama

Conforme percorrer sua jornada do não pensamento, será inevitável se deparar com alguns obstáculos ao longo do caminho, então gostaria de apresentar alguns prováveis problemas antes de você os encontrar, para que tudo fique um pouco mais fácil.

Quando começar a praticar o não pensamento, vai começar também a viver bem como nunca viveu, sem tantas preocupações, estresse ou problemas na vida. Muitos dos problemas desaparecerão diante de seus olhos, porque, desde que não veja mais as coisas como problemas, elas literalmente param de ser um problema para você. O que você vai notar é que nunca sentiu esse tipo de paz e serenidade, e assim se verá em território desconhecido.

Nós, seres humanos, em termos biológicos, não gostamos do que não nos é familiar, porque isso é um indício de incerteza. O irônico é que, nesse momento, a maioria das pessoas começa a pensar que há algo de errado, já que se sentem tão felizes e tranquilas na maior parte do dia. Muitas sentem que não são mais tão produtivas, que perderam seu traço diferencial ou que estão mais preguiçosas. Isso está longe de ser verdade e é apenas seu cérebro tentando pensar de novo para criar a ilusão de "segurança" que ele quer sentir. A verdade é que somos mais produtivos como seres humanos quando estamos felizes e em estado de não pensamento. O tempo parece voar quando estamos em estado de pura alegria. As tarefas são mais fáceis, nós as executamos melhor, as pessoas gravitam ao nosso redor, atraímos muito mais abundância e milagres começam a acontecer do nada. Você só tem de ficar em estado de não pensamento por tempo suficiente para vivenciar essas coisas e, assim, nunca mais vai querer voltar atrás.

É aqui que a fé se torna imprescindível — a fé de que as coisas vão ficar bem. Saiba que o Universo trabalha a seu favor, e não contra você, que tudo acontece por uma razão e que não há falhas na vida, apenas lições e oportunidades para crescermos. Temos de ter fé no desconhecido, porque esse é o único lugar que contém a possibilidade de qualquer coisa diferente da vida que estamos levando agora. O desconhecido é onde todas as possibilidades existem, inclusive tudo o que você pode desejar para a sua vida. Uma vez que tiver a coragem para dar esse salto rumo ao desconhecido e não tiver mais medo dele, é impossível que sua vida não se transforme.

Se começar a sentir que algo está errado, porque está se sentindo tranquilo e contente demais, saiba que é apenas sua mente tentando fazê-lo pensar de novo. A mente é uma excelente vendedora e sabe exatamente o que dizer para atraí-lo ao antigo ciclo vicioso de pensamento destrutivo. É nesse momento que você terá a escolha de ter fé no desconhecido e permanecer no sentimento de felicidade, paz e amor ou voltar aos velhos padrões de dor e sofrimento psicológico já conhecidos. Podemos optar pela liberdade e felicidade no desconhecido ou ficar confinados e sofrer no que já nos é familiar.

Se recair no padrão dos pensamentos, não há problema nenhum. Não se torture por isso nem se culpe. Não há necessidade de se punir, porque isso só perpetuaria os pensamentos. Saiba que é absolutamente humano pensar. Quando se pegar pensando e entender que é seu pensamento que está causando sofrimento, basta esse movimento para trazê-lo de volta a um estado de paz, felicidade e amor. A transição pode acontecer de forma indolor e sem esforço, desde que você permita.

CAPÍTULO 17

E AGORA?

"Chegará um momento em que você vai acreditar que está tudo acabado, e esse será o começo." — Louis L'Amor

Embora este seja o fim do livro, é apenas o começo de uma nova vida para você. Você está sempre a um passo de distância da paz, do amor e da alegria — que vêm de um estado de não pensamento. Lembre-se disso e guarde esse conteúdo no coração, porque ele é toda a esperança de que vai precisar quando a vida ficar inevitavelmente difícil. No começo, jurei que você não seria a mesma pessoa de antes ao ler este livro. Se começou a lê-lo com a intenção de ter uma mente aberta e disposta, então já recebeu incontáveis intuições que mudaram por completo a maneira como enxerga a vida e, portanto, não é mais a mesma pessoa que era antes. Uma vez que se enxerga algo de maneira diferente, já não há como voltar atrás; uma vez que sua consciência se expande, não há como contraí-la novamente. Podemos esquecer, de tempos em tempos, e voltarmos ao sofrimento provocado pelo pensar, mas, assim que nos damos conta, percebemos sem demora que somos a consciência da vida em constante expansão e encontramos de novo amor, paz e alegria no presente.

Se isso parece simples demais e estiver achando que não pode ser desse modo, é apenas sua mente fazendo-o pensar. A verdade é simples e sempre será. Tudo o que torna algo complexo e intrincado só o leva para mais longe da verdade. A verdade não é algo em que se possa pensar, mas algo que você conhece e sente profundamente na alma. Ouça essa sabedoria interior, que habita dentro de você, que conhece tudo isso. Deixe-a guiar sua vida. Ficamos mais satisfeitos quando ouvimos a alma. O mundo nos dirá constantemente que não somos o bastante, que estamos perdendo algo ou que não podemos ter tudo o que queremos. As pessoas sempre vão nos bombardear com suas opiniões, seus julgamentos e seus conselhos. Saiba que elas são presas inocentes do próprio pensamento e agradeça-lhes por se importarem, mas não caia na ilusão de que precisa de nada disso. Tudo o que vier a desejar e de que precisa já está dentro de você. Você já é todo amor, alegria, paz e realização que sempre quis. É só quando nos esquecemos desse fato e ficamos presos no pensamento que deixamos de enxergar isso.

Continue a viver nesse puro estado de paz e renuncie a qualquer pensamento que venha a surgir em sua mente. Quanto mais tempo ficar nesse espaço, mais milagres aparecerão em sua vida. Embora possa compartilhar esta mensagem com cada pessoa que encontrar, nem vai precisar fazê-lo, porque elas vão observar algo completamente diferente em você. Você estará brilhando, vibrante e emanando puro amor e alegria — e elas começarão a perguntar como e por quê. Você possui agora tudo de que precisa para dar fim ao próprio sofrimento psicológico e vivenciar um estado de paz, amor e alegria, sempre disponível para você, em todos os momentos. Há uma boa chance de que já tenha vivenciado a felicidade plena de saber e ser isso.

Não há absolutamente nenhuma coincidência em ter escolhido este livro e em compartilharmos esta jornada juntos até aqui. Fico sempre espantado com todas as intercessões divinas necessárias para que estivéssemos juntos neste momento. É de fato uma honra e uma bênção incrível ter me permitido guiá-lo por essa experiência infinitamente bela que chamamos de vida.

Antes de finalizar este capítulo, tenho um pequeno favor a pedir. Se achou este livro útil ou perspicaz, seria uma honra ainda maior se pudesse levar 60 segundos para deixar uma resenha sobre ele na Amazon. Adoraria mesmo ouvir sobre suas ideias, intuições e impressões, sua jornada pessoal e tudo o mais. As poucas palavras que compartilhar vão ajudar a disseminar esta mensagem a muitas almas que também estão à procura das mesmas respostas que você, e isso pode mudar a vida de alguém. (Porque quem não lê os comentários antes de comprar algo, certo?)

Para todos os que estiverem interessados em se conectar comigo ainda mais, adoraria ouvir mais sobre vocês no endereço hello@josephnguyen.org. Fico muito feliz de ler essas histórias, e é por isso que mantenho minha caixa de entrada aberta para aqueles que gostam de compartilhar. Aguardo notícias suas em breve.

Com amor e luz,
Joseph

P.S.: Nas próximas páginas, haverá um resumo e guias para ajudá-lo a implementar muito do que é mencionado neste livro.

Se tiver encontrado inspiração nestas páginas e quiser saber mais do meu conteúdo, convido-o a visitar meu site (www.josephnguyen.org), no qual há workshops, cursos e diários disponíveis que podem auxiliar sua jornada. Lançamentos também serão anunciados nesse site.

RESUMO DO NÃO PENSAMENTO

- Pensar é a causa-raiz de todo sofrimento.
- Não há outra explicação para sentirmos emoções negativas além de elas se originarem em nossos pensamentos. Tudo converge para o pensamento, o que torna a resolução de problemas algo muito simples. Quando você perceber que é o pensamento a causa do sentimento, pode renunciar a ele e voltar a seu estado natural de paz, amor e alegria. Quando renunciamos ao pensamento, criamos um espaço para que todas as emoções positivas que queremos sentir possam vir à tona.
- Não vivemos na realidade; vivemos em uma PERCEPÇÃO de realidade, criada pelo nosso pensamento.
- Pensar NÃO é um efeito de nossas experiências, mas a CAUSA delas.
- Os pensamentos em nossa mente não são fatos.
- O pensamento só nos controla se acreditarmos nele. Renuncie à crença no pensamento para renunciar ao sofrimento.

- Nossos sentimentos são um feedback direto e um guia interior inato para nos indicar se está faltando entendimento ou se temos clareza absoluta da verdade. Sentimentos são um convite para aprofundarmos o entendimento da verdade.
- Quando não estamos pensando, fluímos.
- Não há separação entre nós, o Universo e toda a vida quando não estamos pensando. É apenas quando pensamos que nos afastamos da Fonte e nos sentimos isolados de tudo (o nascimento do ego).
- Pensar e ter ideias são coisas diferentes. Pensar é um verbo e requer esforço braçal, o que causa sofrimento. Ideias são substantivos e não vêm de nós; são informações divinas que chegam até nós pelo Universo.
- Pensar é uma resposta biológica para sobreviver. A mente pensa apenas porque está tentando nos manter vivos, mas não nos ajuda a prosperar. Ela só se preocupa com nossa segurança e sobrevivência, não com nossa satisfação. Ao causar sentimentos negativos que nos impedem de seguir nossas reais vocações, pensar nos impede que sejamos nosso Eu Superior.
- A mente é limitada à própria experiência pessoal. Se quiser receber intuição, criatividade e conhecimento além das capacidades do seu eu atual, apenas escolha ouvir a Inteligência Infinita em vez de sua mente finita. Essa fonte infinita de verdade está disponível para todas as pessoas o tempo todo, desde que lhe demos permissão.

- A Inteligência/Mente Universal é a energia que equivale a tudo no Universo. É a fonte de onde tudo provém antes de se tornar forma, e somos constituídos por ela. Essa energia tem um sentimento, que é de amor, paz, alegria, conexão e bem-estar. É para esse lugar que voltamos quando renunciamos ao pensamento; esse é nosso estado natural.

- Como todos estamos sempre conectados à mesma fonte de Inteligência Infinita, uma vez que renunciamos ao pensamento, acessamos novas ideias, descobertas e intuições, mesmo que nunca os tenhamos vivenciado antes. Quanto mais confiarmos na intuição e na Inteligência Infinita, mais receberemos essas intuições, que estão sempre disponíveis para nós.

- Paz, amor, alegria e todas as emoções positivas fazem parte de nosso estado-padrão como seres humanos. É só quando começamos a pensar que somos retirados desse estado natural. Mas, quando renunciamos ao pensamento, voltamos ao nosso estado natural de ser e vivenciar todos os sentimentos positivos sem esforço.

- Estamos sempre a apenas uma ideia ou intuição de distância da expansão da consciência e da experiência de um sentimento mais profundo de amor a todo momento, que emerge do estado de não pensamento.

- A clareza é o estado natural da mente e nosso estado-padrão original. É apenas quando ficamos presos ao pensamento que as coisas não parecem ser assim. Se renunciarmos a ele, voltaremos à configuração "de fábrica", isto é, de paz, amor, alegria e mente tranquila.

- Não há nada inerentemente errado com ninguém nem nada no Universo, mas nosso pensamento nos fará pensar que sim. Você não precisa de conserto porque não tem defeitos. Há apenas algo para perceber e lembrar: pensar é a causa-raiz do sofrimento. Não é preciso fazer nada com relação ao seu pensamento. Tudo o que tem de fazer é mudar sua compreensão dele e, assim, voltar à verdade de quem você é, que está além de seu pensamento, de seu corpo e de tudo o que acha que sabe. Assim que abandonar o excesso de pensamentos, você se tornará uno com a Inteligência Infinita, o que lhe permitirá sentir uma interminável abundância de amor, paz e alegria, sempre disponível, porque essa é sua verdadeira natureza.

- Quando você abre espaço para a Inteligência Infinita, ela abre espaço para você. Quanto mais confia nela, mais ela confia em você. Não há limite para o espaço que pode abrir para isso. Quando você prioriza, na vida e na mente, espaço para a Inteligência Infinita agir, sua vida se transforma.

GUIA PARA PARAR DE PENSAR

- Elimine ou minimize coisas que o levem a pensar (aquilo que induz a um estado de luta ou fuga).
- Elimine ou minimize ao máximo coisas e ações em sua vida que não lhe causem inspiração nem entusiasmo.
- Crie um ambiente que o ajude a ingressar em um estado de não pensamento.
- Crie um ritual de ativação matinal para ajudá-lo a iniciar o dia de forma tranquila e sem pensamentos. Use esse espaço para receber intuições da Inteligência Infinita, que o auxiliarão a viver melhor.
- Crie espaço no seu dia para relaxar e retornar a um estado de não pensamento. Anote o que pode fazer no seu dia para ajudá-lo a alcançar isso. Pode ser escrever um diário, caminhar, meditar, brincar com um bichinho de estimação, tirar uma soneca, praticar ioga ou qualquer outra atividade relaxante.

PASSO A PASSO PARA PARAR DE PENSAR

1. Perceba que pensar é a causa de todo sofrimento (entenda a verdadeira natureza do pensamento).
   - Perceba que, se está sofrendo, está pensando.
   - Perceba a diferença entre pensamentos e ideias.
   - Não tente achar a causa-raiz; o pensamento é a causa-raiz.

2. Crie um espaço para os pensamentos negativos persistentes.
   - Permita que se instalem e os reconheça pelo que são.
   - Entenda que você é o lugar sagrado que guarda esses sentimentos, mas que não é esses sentimentos.
   - Não tenha medo de ficar sozinho com o pensamento; tenha a coragem de trazê-lo à consciência. Acolha-o e note que o pensamento só quer ser reconhecido.
   - Perceba que o pensamento negativo só tem poder sobre você se acreditar nele.
   - Uma vez que permitir que os pensamentos existam em sua consciência, sem resistir a eles, poderá olhar para além deles e ver sua verdade implícita.
   - Todo pensamento contém uma semente de verdade que pode ajudá-lo a aprofundar sua percepção e lhe permitir viver de forma mais plena.

3. Uma vez que perceber o pensamento, dê-lhe passagem e se permita desapegar-se dele. Naturalmente, emoções positivas vão emergir, como paz, amor e alegria. Permita-se desfrutar delas conforme aparecem. Se os sentimentos negativos persistirem, volte ao passo 1 e o repita até conseguir encontrar paz.

PROVÁVEIS OBSTÁCULOS POTENCIAIS

1. Não querer renunciar ao pensamento porque acha que foi ele que o trouxe até onde você se encontra.
   - Embora isso seja verdade, é preciso entender que o que o trouxe até onde você se encontra não o levará a outro lugar. Se quiser romper com o ciclo vicioso de sofrimento e padrões autodestrutivos que se repetem em sua vida, será necessário fazer algo diferente. Loucura é repetir sempre a mesma coisa e esperar um resultado diferente. A verdadeira pergunta é: você quer ou não ser feliz? Se entender que o pensamento é a causa-raiz de todo sofrimento e não quiser mais ser infeliz, então vai conseguir ter confiança suficiente para entrar em estado de não pensamento.

2. Falta de fé.
   - Para que haja ao menos a possibilidade de uma vida repleta de alegria, paz e amor todos os dias, primeiro é preciso que você acredite que isso é possível. Também é preciso acreditar que se é parte de algo muito maior, a força vital que vem tomando conta da vida esse tempo todo (o Universo/Deus). Ter fé em algo muito maior do que nós sem a capacidade de compreender isso por completo com nossa mente finita é a única maneira de submeter o esforço braçal e a experiência à paz total em nossa vida, em vez de nos preocuparmos com tudo.

3. Medo.
- O medo é uma emoção completamente normal quando se confia no Universo, que também é desconhecido. Ele é um ótimo sinal de que algo é muito importante para nós. Tudo o que desejamos está do outro lado do medo e, lá no fundo, você sabe que essa é a verdade. O teste pelo qual devemos passar para obter tudo o que desejamos é o próprio medo. A saída se dá por meio de um mergulho profundo em nós mesmos, para ver e saber que tudo ficará bem, não importa o que aconteça; que esse medo não pode e não nos matará, mas que, se não for confrontado, ele nos roubará a vida com a qual sonhamos. O pensamento é a causa-raiz do medo. Se você não pensar, não haverá medo. Siga o passo a passo para parar de pensar, superar o medo e, assim, vivenciar o que a vida pode ser quando não há limites.

COMO SABER SE VOCÊ ESTÁ EM ESTADO DE NÃO PENSAMENTO

Quando não está pensando, você vivencia paz, amor, alegria, paixão, entusiasmo, inspiração, euforia e todas as emoções positivas que sua consciência é capaz de perceber, por completo. Pode ser que tenha pensamentos, mas não se apegue a eles, permitindo que fluam através de você sem nenhum atrito ou dor que nasça deles. Você não sente qualquer sofrimento psicológico ou emocional. Não está pensando no passado nem no futuro. Os pensamentos não importam nem existem, pois você está inteiramente no momento presente. Você se sente fluir. Perde o senso de tempo, de espaço e até de si. Sente-se em comunhão com a vida, como se fossem um só. É assim que você sabe que não está pensando.

ESTÍMULOS PARA REFLEXÃO

Em uma escala de 1 a 10, quanto você pensou hoje (sendo 1 o nível mais baixo e 10 o mais alto)?

Qual porcentagem do seu dia você passou em estado de luta ou fuga? Qual porcentagem passou em estado de tranquilidade e relaxamento?

GUIA PARA CRIAR UM AMBIENTE DE NÃO PENSAMENTO

Seu ambiente pode induzi-lo a um estado de não pensamento, apoiar esse estado ou, ao contrário, estimular a pensar.

Embora criemos nossa realidade de dentro para fora, com frequência o ambiente também nos afeta. Como somos seres espirituais vivendo em um mundo físico, não podemos nos desconectar por completo ainda desse entorno em 3D; por isso é importante criar um ambiente que facilite o não pensamento. Para ser produtivo, a melhor maneira de fazer isso é eliminando distrações em vez de fazer mais coisas.

De modo similar, se eliminarmos a maior parte do que serve de gatilho para o retorno ao pensamento, poderemos permanecer em um estado tranquilo de não pensamento com muito mais facilidade. Lembre-se de que mudar o ambiente, mas não você, não funcionará ao longo prazo. Uma mistura delicada das duas coisas é o que você precisa para criar uma linda vida que ame viver.

PASSO A PASSO PARA REMOVER OS GATILHOS DE PENSAMENTO

1. Realize uma auditoria: veja quais coisas o tornam mais suscetível ao pensamento e faça uma lista.

    A. Anote tudo o que lhe vier à cabeça. Acessar sua intuição e sentir energeticamente no corpo se essa coisa específica do ambiente lhe faz bem ou mal pode ajudar. Se ficar em um estado de tranquilidade e relaxamento, a resposta será óbvia.

    B. Se não estiver conseguindo localizar essas coisas, procure se lembrar do que tende a colocá-lo em estado de luta ou fuga, trazer ansiedade ou um turbilhão de pensamentos. Qualquer coisa que o coloque nesse estado de sobrevivência não o ajudará a manter um estado de não pensamento.

    C. Se, ainda assim, for difícil enumerar coisas, você pode manter um diário ao longo da semana e escrever nele toda vez que algo despertar o estado de luta ou fuga. Você terá uma boa lista ao final da semana.

2. Separe as anotações em categorias.

    A. Eis aqui alguns exemplos de categorias:

        I. Saúde física

            a. O que você ingere que pode gerar uma resposta de luta ou fuga (ansiedade, estresse, excesso de pensamentos)? Comidas, estimulantes, bebidas etc.

        II. Ambiente físico

            b. O que há em seu ambiente físico que pode gerar uma experiência de luta ou fuga (ansiedade, estresse, excesso de pensamentos)?

III. Ambiente digital
   c. O que há em seu telefone, seu computador ou sua TV que pode gerar uma experiência de luta ou fuga (ansiedade, estresse, excesso de pensamentos)?
IV. Consumo digital
   d. Que mídia/conteúdo você consome que pode gerar uma experiência de luta ou fuga (ansiedade, estresse, excesso de pensamentos)?

3. Após categorizar tudo, reorganize a lista e comece a dispor os itens por importância, desde aquilo que mais o afeta até o que menos o faz.

4. Escolha os primeiros itens de cada lista e crie uma ação para cada um, planejando o que pretende fazer para retirá-lo de seu ambiente. Escolha apenas o que for administrável e possível de retirar, senão isso vai gerar mais estresse (e o exercício perderia seu propósito). Comece aos poucos e, depois que se familiarizar com as mudanças e observar o impacto delas, passe a eliminar mais coisas.

PASSO A PASSO PARA CRIAR UM AMBIENTE DE NÃO PENSAMENTO

Anote todas as coisas que o ajudam a relaxar e imergir em um estado de paz e ausência de pensamento. Podem ser coisas como um exercício, meditação, ouvir determinado tipo de música, um lugar etc.

Separe as anotações em categorias.

1. Exemplos de categorias:
   I. Saúde física
      a. O que você ingere que pode gerar uma sensação de saúde, energia sustentável e paz?
   II. Ambiente físico
      b. O que há em seu ambiente físico que pode ajudá-lo a se sentir alinhado com sua divindade?
   III. Ambiente digital
      c. O que há em seu telefone, seu computador ou sua TV que pode ajudá-lo a se sentir alinhado com sua divindade?
   IV. Consumo digital
      d. Que mídia/conteúdo você consome que pode ajudá-lo a se sentir alinhado com sua divindade?

2. Liste os itens em cada categoria por ordem de importância, do mais para o menos impactante no que diz respeito a ingressá-lo e mantê-lo em estado de não pensamento.

3. Escolha os primeiros itens de cada lista e crie uma ação para cada um, planejando como vai incorporá-lo à sua vida. Procure não fazer muita coisa de uma só vez, para não se sentir sobrecarregado. Faça o que for administrável no momento e, conforme for se familiarizando, pode ir adicionando mais coisas.

4. Crie um ritual de ativação ou rotina matinal que o ajude a ingressar em um estado de não pensamento e a se alinhar a seu Eu Superior. Planeje como seria a rotina matinal ideal que possa ser praticada agora. Comece aos poucos para não se sobrecarregar. Assegure-se de que sobre tempo e abra espaço para a criação (por meio de meditação, ioga ou outra prática espiritual que o ajude a se sintonizar com a Inteligência Infinita).

5. A maneira como inicia o seu dia cria o tom para o restante dele. Olhando celular, e-mails e o que precisa fazer, você o inicia de maneira estressante, ingressando em um estado de luta ou fuga, que pode perdurar para o resto dele.

6. Se iniciar seu dia de modo tranquilo e cumprir uma rota que o leve a um estado de não pensamento, carregará esse mesmo tom ao longo das próximas horas e se tornará mais difícil se deixar levar por coisas externas que possam conduzi-lo ao retorno aos pensamentos e ao estresse. É por isso que todos os grandes mestres espirituais possuem rituais matinais ou alguma espécie de rotina.

PASSO A PASSO PARA IMPLEMENTAR O NÃO PENSAMENTO NO TRABALHO

1. Crie uma lista de coisas que você faz no trabalho que drenam sua energia — coisas de que não gosta ou que sente que pesam em suas tarefas.

2. Crie uma lista de coisas que lhe dão energia no trabalho — aquelas que tragam inspiração, energia, vigor e leveza.

3. Revise a lista, ranqueando cada atividade em uma escala de 1 a 10, com 1 sendo o máximo de energia drenada e 10 a parte do trabalho mais revigorantes e inspiradora.

4. A cada semana, elimine de 1 a 3 itens da lista de coisas que drenam sua energia e aumente a quantidade de atividades que receberam 9 e 10 em sua lista.

5. O objetivo é chegar a um ponto em que você passe 80% do tempo de trabalho fazendo coisas classificadas como 9 e 10 em sua lista.

GUIA PARA SUPERAR HÁBITOS/COMPORTAMENTOS DESTRUTIVOS

Conforme for criando espaço e passar a não pensar tanto, logo você tomará consciência de muitos hábitos negativos e destrutivos que têm aumentado sua propensão ao sofrimento. E tudo bem. Não se torture por isso, pois só vai piorar as coisas. Eis aqui um guia mais detalhado que o ajudará a romper com qualquer hábito destrutivo:

1. Tome consciência de qual hábito deseja mudar e confirme que isso é de fato algo que deseje alterar. Entenda que, se quiser mudar e dar um fim ao ciclo vicioso de sofrimento, terá de renunciar às crenças às quais tem se apegado e que geram sofrimento. Se não quiser mudar isso, não há por que continuar, mas, se realmente quiser mudar, comecemos então o processo de renúncia.

2. Anote com exatidão e minúcia como é esse comportamento (quantas vezes acontece, quando acontece etc.). Dê o máximo de detalhes.

3. O que você sente logo antes de iniciar o comportamento? Qual é o gatilho para esse comportamento? Responda com honestidade.

4. Que padrões de pensamento específicos se instalam? **O que você diz a si mesmo quando isso acontece?** Descreva com detalhes precisos.

5. Que crenças rodeiam esse hábito? A que conclusões você chegou que o levam a sentir que PRECISA praticar esse comportamento/essa ação?

6. Como você se sente ao acreditar nesse pensamento?

7. O que você acha que vai acontecer se não praticar o comportamento? Em outras palavras, que consequências você acredita que haverá se não realizar essa ação?

8. Você tem 100% de CERTEZA de que isso acontecerá caso não pratique o comportamento?

9. Você consegue perceber quanto esse pensamento é destrutivo e como o faz sofrer?

10. Está disposto a renunciar a esse pensamento e a esse comportamento agora?

11. Consulte sua sabedoria interior e seu Eu Superior. O que eles estão tentando lhe dizer? O que estão tentando ajudá-lo a aprender? Como estão lhe dizendo para restabelecer o equilíbrio em sua vida? Como estão lhe dizendo para crescer neste momento? Crie espaço e espere por uma intuição da Inteligência Infinita sobre a razão de realmente querer mudar.

12. Quando receber essa intuição, permita-se sentir liberdade, paz e alegria por completo. Sinta o peso ser retirado de seus ombros. Você saberá que deu certo quando se sentir física e energeticamente mais leve e não vir mais aquela ação/aquele

hábito da mesma forma que antes. Mergulhe inteiramente em um sentimento de profunda gratidão; permita-se apenas ser.

13. Anote qualquer nova percepção que tiver e escreva em seu diário a experiência que acabou de ter, de modo a documentar esses milagres em sua vida.

O QUE FAZER SE O SENTIMENTO VOLTAR

Siga de novo este guia até ter uma intuição ou um ponto de virada que mude por completo a maneira como você encara a vida.